Lorenz Stäger, "Kinder, Camper und Gelehrte"

LORENZ STÄGER

KINDER, CAMPER UND GELEHRTE

Auf den Spuren der Geschichte durch Syrien und Jordanien

Aufnahmen vom Verfasser
Zeichnungen von Martin Stäger

Solix–Verlag

Für meine Kinder – Ohne Sie und C. W. Ceram hätte ich dem Buch einen anderen Titel geben müssen

INHALT

ANHANG

NAHOSTFAHRT 1964: Notizen nach dem Tagebuch

KARTEN

*„Wir haben uns stundenlang
Vorträge über Petra und Palmyra
anhören müssen. Jetzt wollen wir
dorthin gehen. Wenn's sein muss,
auch zu Fuss!"* (Seite 30)

VORWORT

Im Sommer 1964 bereiste ich zusammen mit meinem Studien-
kollegen Rudolf Fischer die Länder des Nahen Ostens. Wir beide
hatten zwei Jahre zuvor in Aarau die Matur gemacht und studierten
Altphilologie und Orientalistik in Zürich. Heute unterrichten wir an
Gymnasien, sind daneben publizistisch tätig und schreiben Bücher,
er historische Sachbücher (Naher Osten, Afrika), ich heitere Roma-
ne. Die erwähnte, mehrmonatige Reise führte im eigenen Auto, einem Mercedes Jahrgang 1958, durch Jugoslawien und die Türkei
nach Syrien, Libanon, Jordanien, Iraq, Persien und zurück. Autobahnen gab es damals in jenen Ländern keine, hingegen noch Hunderte von Kilometern mehr oder weniger tauglicher Schotterstrassen,
die Fahrer und Wagen gehörig strapazierten. Wir verdanken dieser
Nahosttour eine solide Kenntnis des Grossteils der dortigen antiken
Stätten und ausserdem eine Menge unvergesslicher Eindrücke und
Erlebnisse, von der Mondscheinfahrt durch Bogazköy über einen
Autounfall in Nordsyrien bis zur Blinddarm–Operation im Ölfeld
von Agha Jari. Um eine Diasammlung für unterrichtszwecke zu er-
stellen, wiederholte ich ein knappes Vierteljahrhundert später, im
Sommer 1988, einen Teil der Reise, diesmal zusammen mit meiner
Frau und den vier Kindern im Alter von neun bis vierzehn Jahren.
Als Fahrzeug und Wohnung diente während sechs Wochen ein VW–
Camper mit Zeltklappanhänger. Unser Interesse galt vor allem den
archäologischen Stätten in Syrien und Jordanien. Ich schrieb darüber und über unsere Alltagserfahrungen eine Folge von Beiträgen,

die 1992/93 im Aargauer Tagblatt erschienen. Kulturredaktor Hannes Schmid regte an, diese Beiträge zu erweitern und in Buchform herauszubringen. Ich habe seine Anregung aufgenommen, bin an die Arbeit gegangen und habe mich seither oft über meinen Entschluss geärgert: Schreibe ich zuviel Historisches, sind jene Leser enttäuscht, die von mir eine 'Tochter von Frau Potiphar' oder 'Löwen, die endlich beissen', erhofften. Mache ich das Gegenteil, rümpfen jene die Nase, die Fundierteres erwartet haben. So habe ich mich zum Kompromiss entschlossen und versucht, in einer Mischung von 'Geschichte und Geschichten' auf lockere Art das eine zu tun und das andere nicht zu lassen — mit dem Risiko, mir damit beide Lesersegmente zu vergraulen. Ich werde es mit Fassung tragen.

Zeitungsserien bedingen gelegentliche Wiederholungen, für die ich um Nachsicht bitte. Für die arabischen Ortsnamen benutzte ich die auf modernen Karten übliche Schreibweise.

Als Anhang fügte ich eine knappe, skizzenhafte Schilderung der Reise von 1964 hinzu, mit Schwergewicht auf der Erlebnisseite. Ich konnte mich dafür auf mein ausführliches Tagebuch stützen, aus dem ich bewusst einige Passagen wörtlich übernommen habe. Für manchen Leser der mittleren oder älteren Generation mag es reizvoll sein, im Lehnstuhl auch jene Fahrt mitzuerleben, mit wohlwollendem Verständnis für jugendliche Unbekümmertheit.

Wiederholungen von Reisen eine Generation später regen zum Nachdenken an. Viele haben schon darüber geschrieben. Ich tat es im vorliegenden Bericht nicht oder höchstens andeutungsweise. Immerhin sei auf zwei Dinge hingewiesen. Erstens wird man, wenn man so reist wie wir, unterwegs von den Erfordernissen des Alltags derart absorbiert, dass kaum Zeit für Nabelschau besteht. Anderseits gibt es durchaus Momente, wo einen ein eigenartiges Gefühl ergreift, wenn man mit seinem Nachwuchs nach zweieinhalb Jahrzehnten wieder durch eine Gegend, ein Ruinenfeld oder ein Dorf streift, das sich dem Gedächtnis aus irgendeinem Grund besonders eingeprägt hat. Freuen sich dann die Jungen mit, wenn man von früher erzählt, so rechne ich dies zu jenen schönen Seiten im Leben, die nicht käuflich sind.

Es bleibt mir noch, meiner Frau für ihr tatkräftiges Mitmachen herzlich zu danken. Wir haben uns unterwegs am Steuer redlich abgelöst — im wörtlichen und übertragenen Sinne — und wussten, dass wir uns aufeinander verlassen konnten.

Mein Dank gilt schliesslich der SCHWEIZERISCHEN BANK-GESELLSCHAFT Wohlen / Bremgarten, desgleichen den Firmen AMAG IMPORT in Schinznach–Bad, BRAUEREI FELD-SCHLÖSSCHEN sowie KNECHT REISEN, die mit ihrer Unterstützung die Herausgabe dieses Buches erleichtert haben. Nicht vergessen sei auch Patrick Flückiger, der für die Erstellung der Druckvorlage technisch neue Wege beschritt.

Wohlen AG, im Herbst 1993   Lorenz Stäger

ANREISE NACH ANCONA

Die Kirchenglocken in Ancona schlagen genau acht Uhr abends, als wir vor dem Hafengebäude parkieren. Knapper geht es nicht mehr. Schuld sind lange Baustellen auf den italienischen Autobahnen, aber auch mea culpa: Ich vergass zu Hause meine Windjacke, worin ein Bündel Eurocheques steckte. In Biasca musste zeitaufwendig Ersatz beschafft werden. Eine gewisse Schadenfreude der Familie war nicht zu verkennen. Ausgerechnet der Boss mit der grossen Erfahrung!

Alles hat auch eine gute Seite: Wir können sogleich auf die 22'000 Tonnen–Fähre QUEEN M der Marlines fahren. Der Anhänger wird abgekoppelt und von der Lademannschaft millimetergenau abgestellt. Die Kabinen werden bezogen, und nach einer Dusche sitzen wir um halb zehn in der Cafeteria beim Nachtessen. Anschliessend ein Rundgang durch das Schiff. Eine Leuchttafel meldet 26 Grad Wärme — es ist anfangs Juli — und 82 Prozent Luftfeuchtigkeit. Der Geruch von Dieselöl und Salzwasser, das kreisende Licht des Leuchtturms und das Tuckern von Schleppern, dazu die beruhigende Gewissheit, sich die nächsten Tage um nichts ausser dem Masshalten im Essen und Trinken kümmern zu müssen, lassen in mir langsam Reiselust aufsteigen. Die lähmende Spannung, welche mir den gestrigen Tag (wie immer vor grösseren Reisen) vermiest hat, beginnt sich zu lösen.

Hektische Wochen liegen hinter uns. Die wissenschaftlichen und reisetechnischen Vorbereitungen erforderten viel Aufwand. Für eine sechsköpfige Familie neben Berufs– und Alltagsarbeit zu planen und zu packen ist etwas anderes als — wohlgebettet in die elterliche Infrastruktur — als junger Student seine Siebensachen bereitzulegen. Ausserdem ist man mit den Jahren komplizierter geworden. Man hat unterdessen zuviel erlebt, weiss zuviel und hat Respekt vor Stressituationen in nahöstlicher Sommerhitze. Hinzukommt, dass

11

ich einen dringenden medizinischen Eingriff hinausgeschoben habe und bei auftretenden Beschwerden unverzüglich per Rettungsflugwacht nach Hause fliegen muss. Vorsorglicherweise werden wir bei jedem Grenzübergang versuchen, Wagen und Anhänger in den Pass meiner Frau eintragen zu lassen, da ich sonst nicht ausreisen könnte. Weil dann Wagenbesitzer und Fahrerin nicht mehr identisch sein werden, sind Komplikationen nicht auszuschliessen. Aber das sind sie auf solchen Reisen ohnehin nie.

Im Hafen von Ancona: im Hintergrund der Dom auf der Stelle des alten Venus–Tempels

Ancona ist ein Hafenort mit Geschichte. Im 4. Jh. v. Chr. wurde es von Syrakusanern gegründet, diente später den Römern als Flottenstützpunkt und erhielt 115 n. Chr. von Kaiser Trajan einen neuen Hafen, woran noch heute ein Ehrenbogen erinnert. Unter Trajan erlebte das Römische Reich seine grösste Ausdehnung, und unsere ganze Nahostreise wird innerhalb der damaligen Grenzen erfolgen. Sogar der Golfkrieg wäre in jener Zeit ein Binnenkrieg gewesen, ist Trajan doch 115 – 117 im Kampf gegen die Parther, die Erzgegner Roms, bis an den Persischen Golf vorgestossen.

Der Name Ancona wird auf das griechische 'ankon' = Ellbogen zurückgeführt. Plinius der Ältere, der beim Ausbruch des Vesuvs im Jahre 79 n. Chr. ums Leben gekommen ist, sagt in seiner Naturgeschichte, die Kolonie Ancona liege „gerade dort, wo sich die Küste wie ein Ellbogen krümmt". Das klingt gut, aber gut klingende Worterklärungen kommen immer mit einem Fragezeichen auf die Welt.

Hoch über der Stadt steht der Dom, byzantinisch–romanisch, dem heiligen Cyriacus geweiht. Er ist einer der 14 Nothelfer, und die Kinder erinnern mich daran, dass der Wohler Grasshopper–Fussballer Sforza (unterdessen bereits beim 1. FC Kaiserslautern) 'Ciriaco' heisse. Der christliche Dom erhebt sich auf der Stelle eines römischen Venus–Tempels. Wir wissen das u. a. aus dem 36. Gedicht des Dichters Catull. Für ehemalige Lateiner: es ist das Gedicht, mit dem berühmten „cacata carta".

"Please, give me my position!"

WIE FANDEN DIE ALTEN RÖMER BLOSS DEN WEG ÜBERS MEER?

„Please, give me my position! — Bitte, geben Sie mir meine Position!" Der Kapitän des türkischen Fährschiffes sagt es mit ironischem Unterton, als ich — mit dem Sextanten in der Hand — ihn auf der Brücke um einige Fahrdaten bitte. Ich habe vorher zusammen mit den Kindern mehrmals die Sonnenhöhe gemessen und danach fleissig auf Millimeter–Papier meine Linien gezogen. Nachdem sich der Kapitän meine Berechnungen angesehen hat, holt er uns in den Navigationsraum und überprüft meine Zahlen mit Karte und Zirkel. Unser Familienresultat ist um neun Seemeilen daneben, was wir unter den gegeben Umständen als Erfolg ansehen. Wir erhalten gratis einen Kurs in angewandter Astronavigation.

Die Fähre wird uns nach dem südlich von Izmir gelegenen Kusadasi bringen. Von Freitag abend bis Montag abend dauert die Fahrt, mit einem Abstecher nach Kreta. Wie machte man das früher ohne Kompass?

Sonne und Sterne dienten als Fixpunkte. Westen und Osten sind mit der Sonne bestimmbar, Süden und Norden mit dem Polarstern. Dieser steht je nach nördlicher Breite auf einer bestimmten Höhe über dem Horizont. Wenn man darauf achtete, dass sich der Höhenwinkel während der Fahrt nicht veränderte, konnte man genau nach Westen oder Osten segeln. Die Winkel für bestimmte Orte waren bekannt. Wer beispielsweise nach Kreta wollte, fuhr nach Süden, bis der Polarstern die Höhe von Kreta zeigte. Anschliessend steuerte man einen östlichen (oder westlichen) Kurs bis zum Ziel.

Besassen Seeleute und Nomaden auch Zugvogel–Instinkte, einen inneren Kompass? Der 1949 verstorbene Zürcher Orientalist J.–J. Hess–von Wyss berichtet jedenfalls von einem innerarabischen

Beduinen, der imstande gewesen sei, in einem verdunkelten Zürcher Studierzimmer ein Lineal in die Nordrichtung zu legen.

Für die antike Seefahrt mit ihren niederbordigen Schiffen waren ausserdem gute Kenntnisse von Strömungen lebenswichtig. Sprichwörtlich geworden sind Skylla und Charybdis, zwei als Ungeheuer gedachte Wirbel, die auf beiden Seiten der Strasse von Messina die Seefahrer verschlangen. Über die Abhängigkeit von den Winden finden wir ein schönes Beispiel in der Apostelgeschichte: Kapitel 27 schildert, wie Paulus' Schiff wegen widriger Winde Zypern nördlich und Kreta südlich umsegeln musste.

Zwischenhalt in Patras

Eines der Mädchen hat Fieber. Ich erzähle ihm von Tiro, dem Privatsekretär des römischen Staatsmannes Cicero. Dieser hatte auf seiner Rückreise aus dem Osten der heutigen Türkei Tiro in Patras krank zurücklassen müssen. Cicero sorgte sich rührend um ihn. Wir wissen das aus dem 16. Buch seiner Briefe Ad familiares. „Suppe hätte dir der Arzt nicht geben dürfen, da dein Magen nicht in Ordnung ist", lesen wir beispielsweise (16,8) – dieses Zitat blieb der Zuhörerin im Gedächtnis! Oder: „Nun möchte ich Dich nur noch dringend bitten, nicht aufs Geratewohl loszufahren — die Kapitäne sind nur auf ihren Verdienst aus und haben es deshalb immer eilig. Sei vorsichtig, mein Tiro! Du hast ein grosses, gefährliches Meer vor Dir; wenn möglich, fahre mit Mescinius — er reist immer mit der nötigen Vorsicht; wenn nicht, mit irgendeinem angesehenen Menschen, von dessen Autorität sich der Schiffseigner imponieren lässt" (16, 12).

Während meine Frau mit der Patientin auf der QUEEN M bleibt, mache ich nach dem Anlegen in Patras mit drei Kindern einen Rundgang und kaufe Zeitungen. Die ATHENS NEWS meldet Temperaturen zwischen 25 und 38 Grad, die NEUE ZÜRCHER ZEITUNG eine freundliche Börse, was meine Stimmung hebt und den Kindern zu Glace und einem Lucky Luke–Heft verhilft.

Am andern Morgen ein kurzer Halt in Iraklion auf Kreta. Wir bleiben an Bord und frühstücken. Dabei vermissen wir die Jüngste und finden sie in der Kabine, wo sie sich sehr grosszügig Mayonnaise auf knusperige Schweden–Brötchen häufelt. Etwa 200 ältere Kreter steigen zu, mit prallen Taschen, Koffern. Die Bars und Restaurants sind erfüllt von einem ohrenbetäubenden Stimmengewirr.

Auf der 'QUEEN M' vor Patras

Das Mädchen ist wieder gesund, dafür klagt einer der Buben über Kopfweh. Wie sagte doch kürzlich ein Freund mit ebenfalls vier Kindern: „Es gibt auch Zeiten, wo alle gesund sind!"

Ankunft in Kusadasi

Abends um 20 Uhr legen wir an. Hunderte von Passagieren drängen sich gereizt vor der Réception: sämtliche Pässe liegen auf einem grossen Haufen. Die Griechen behaupten, die Türken hätten sie abgestempelt und auf die Theke geschmissen. 'Freundlichkeiten' fliegen hin und her, betrunkene Australier grölen, einer springt von der Reling zwölf Meter tief hinunter ins schmutzige Hafenwasser und schwimmt mühsam an Land — eine Stimmung wie in einem Tollhaus. Zwei Stunden dauert es, bis meine Frau die Pässe hat. Ich schleppe unterdessen mit den Kindern das Gepäck in die schweisstreibend heisse, von Abgasen erfüllte Schiffsgarage und fahre mit Wagen und Anhänger ins Freie. Zwischen den wartenden Autotouristen kommt das Gespräch in Gang; einige, die zum ersten Mal in diesen Regionen reisen, sind ziemlich nervös geworden. Meine beruhigenden Worte werden dankbar aufgenommen. Die Zollbeamten dann sehr freundlich: ein kurzer Blick in den Wagen, ein Stempel, gefolgt von einem „Welcome to Turkey!", und genau um Mitternacht, vier Stunden nach dem Einlaufen, sind wir auf dem nahen Camping–Platz. In wenigen Minuten ist der Zeltanhänger aufgeklappt. Auf das Einschlagen von Heringen können wir wegen des schönen Wetters verzichten.

Aus : Beiblatt der Fliegenden Blätter, Nr. 3413, München 1910

VOM MÄANDER ZUR KILIKISCHEN PFORTE

Nach einem zweitägigen Abstecher nach dem 80 km westlich von Izmir gelegenen Badeort Cesme, wo wir Bekannte besucht haben, sind wir in Pamukkale eingetroffen. Man durchfährt dazu das Tal des sich schlängelnden Flusses Menderes (altgriechisch Maiandros), welchem die Mäander–Figur den Namen verdankt. Die Juli–Hitze ist scheusslich. Erst abends acht Uhr sinkt das Thermometer unter 40 Grad. Für Gäste in klimatisierten Hotels ist das nicht weiter unangenehm, für Campierende hingegen sehr: Aufbauen, Einkaufen, Kochen, Waschen oder Reparieren werden zur Schwerarbeit.

Die Kinder nehmen ein 'Warmbad' in den berühmten weissen Sinterbecken. Pamukkale war bereits in der Antike als Kurort und Zentrum der Wollindustrie berühmt. Hierapolis hiess damals die Stadt, die ihre Erzeugnisse bis nach Italien exportierte. Ein Industrieller hielt auf seiner Grabinschrift fest, dass er in seinem Leben zweiundsiebzigmal nach Italien gereist sei. Das war vor zweitausend Jahren dank der römischen Superstrassen wesentlich einfacher als noch Ende des letzten Jahrhunderts, d. h. bis zum Bau von Eisenbahnen. Die Linie von Smyrna (Izmir) über Aydin im Menderes–Tal bis nach Dinar stand einst unter englischer Verwaltung und trug den schönen Namen OTTOMAN AIDIN RAILWAY. Sie führt nahe bei Hierapolis und dem etwas südlich gelegenen Laodizea vorbei, dessen antike Ruinen für den Bahnbau wacker geplündert wurden.

Die Nacht wird unangenehm: Mücken, Hundegebell und auf einem benachbarten Campingplatz bis ins Morgengrauen krakeelende Touristen. Wieso sind wir nicht ins Lötschental oder nach Salzburg gefahren?

Die Rechnung anderntags versöhnt: umgerechnet 40 Franken hat unsere sechsköpfige Familie für Übernachtung, Abendessen, Wein und 18 Fläschchen Mineralwasser zu bezahlen. Ausserdem freuen wir uns auf die Fahrt in die kühleren Berge. Die Route durch die zentralanatolische Hochebene verläuft auf rund 1'000 Meter Höhe, und die Temperatur fällt bis auf 31 Grad. In der Stadt Isparta überholt uns ein Bursche auf einem Motorrad und winkt uns an den Strassenrand: „Das Bremskabel Ihres Anhängers ist gerissen! Ich habe einen Freund, der hat eine Werkstatt." Mein erster, auf langjähriger Erfahrung basierender Gedanke, es handle sich um die neueste Kontakt–Variante eines Teppichhändlers, erweist sich als falsch. Das Kabel hängt tatsächlich durch, und der Freund leistet saubere Arbeit.

Die grossen Thermen von Hierapolis (Pamukkale)

An einem der für die Gegend typischen grossen Seen, dem Beysehir Gölü, übernachten wir. Er hat die Fläche des Bodensees. Der Abend ist frisch und windig, vom Restaurant her ist türkische Live–Musik zu hören. Mehrere Camper–Touristen sind aus dem

Süden wegen der Hitze hierher geflohen. Ein Österreicher schwört, er kehre heim und verbringe den Rest der Ferien in Kärnten.

In Konya halten wir kurz an, um aufzutanken und unsere Trinkwasserkanister nachzufüllen. Vor einem Jahr haben wir uns die Stadt angesehen. Es ist ein Ort mit Geschichte an allen Ecken und Enden: Alexander der Grosse war hier, später Cicero (als Prokonsul von Kilikien nahm er in Iconium eine Truppenparade ab) und der Apostel Paulus, ab 1097 wurde Konya Hauptstadt der Seldschuken, im 13. Jahrhundert gründete hier der persische Mystiker Dschelal ed–Din Rumi den Derwisch–Orden. Die Verehrung des Meisters erlebt heute eine Renaissance und hat schon zu Spannungen zwischen Iran und der Türkei geführt.

200 Kilometer weiter treffen wir auf die Hauptstrasse von Ankara. Lastwagenkolonnen rollen hinauf zur Kilikischen Pforte, dem anatolischen Gotthard–Pass, wo sich der ganze Güterstrom in den Nahen Osten kanalisiert. Seit Jahrtausenden wird der Engpass begangen von Heeren, Heiligen und Räubern. Räuberisch ist heute bloss noch die Fahrweise: zwei, drei dröhnende und qualmende Laster setzen nebeneinander zu einem kleinen Privatrennen an. Gelegentlich fällt der Blick auf eine Brücke der einst berühmten Bagdad–Bahn (Konya bis Bagdad), der Fortsetzung von Orient–Express und Anatolischer Bahn.

Teilstücke der Autobahn über den Taurus sind fertiggestellt und lassen einen — wie am Gotthard — vergessen, was die Kilikiai Pylai, die Kilikischen Tore, einst waren: eine Schlucht von einigen hundert Metern Höhe und knapp zwanzig Metern Breite, unten der Fluss, an der östlichen Felswand ein schmaler Weg, z. T. auf Balken vorgebaut. Wir fahren hinunter in die hitzedurchflutete kilikische Ebene. Rechts liegt Tarsus, der Geburts– und zeitweilige Wohnort des Apostels Paulus.

Unser Ziel ist das östlich gelegene Adana, wo der römische Feldherr Pompeius 67 v. Chr. einen Teil der von ihm besiegten kilikischen Seeräuber ansiedelte. Nicht weniger als 846 Schiffe wurden bei der in unglaublich kurzen drei Monaten durchgeführten Säuberung des ganzen Mittelmeeres versenkt oder erbeutet. Eine stehende Flotte sorgte später für Ruhe. Heute brauchen wir dafür die Sechste Flotte der Amerikaner.

Der Campingplatz von Adana hat ein schönes Schwimmbecken. Leider ist es bereits geschlossen, wegen der Kinder drückt man aber ein Auge zu. Ich drücke mir dafür abends beide Ohren zu, als auf dem Platz eine frohe und akustisch eindrückliche Hochzeitsfeier ihren langen, langen Lauf nimmt.

IM 'SANDSCHAK VON ALEXANDRETTE'

In der Nordostecke des Mittelmeeres liegt Iskenderun. Der Name leitet sich von Alexandria her. (Die Araber machten das Al zum Artikel, der später wegfiel.) Alexander der Grosse hat die Stadt nach seinem Sieg bei Issos (333 v. Chr.) über den persischen Grosskönig Darius III. gegründet. Eigentlich würde der Ort bereits zu Syrien gehören, aber die französischen Mandatsherren haben Iskenderun und auch Antakya (un)freundlicherweise 1939 der Türkei vermacht, um deren Wohlwollen zu gewinnen. Die ältere Generation mag sich noch an die Gebietsbezeichnung 'Sandschak von Alexandrette' erinnern, welcher der heutigen türkischen Provinz Hatay entsprach. Den Jüngeren dürfte der Name Hatay zumindest aus einem der Indiana Jones–Filme bekannt sein. Ein knappes Jahr lang (1938 – 1839) bildete Hatay sogar eine unabhängige Republik. Im Zweiten Weltkrieg war diese Grenzregion ein Tummelfeld für Agenten. Die Schweizer Illustrierte zitiert im April 1942 den Daily Telegraph unter dem Titel „Wer ist Paula Koch? Aus dem abenteuerlichen Leben einer Agentin im nahöstlichen Wetterwinkel":

„Die bekannte Paula Koch, die seit vielen Jahren Propagandarbeit in Nahen Osten betreibt, ist vom Konsulat in Alexandretta an das neue deutsche Konsulat in Adana versetzt worden ... In Berlin wird man daher sehr gut über unsere militärischen Bewegungen und die Grösse unserer Zufuhren in diesem wichtigen Winkel des Mittelmeeres unterrichtet sein."

Eine gute Strasse führt von Iskenderun über den Beilan–Pass durch das Nur Daglari–Gebirge (Amanus mons), der Wasserscheide zwischen Kilikien und Syrien. Der Pass hiess einst Pylae Syriae (Tore Syriens), und wurde selbstverständlich von der ganzen weltgeschichtlichen Prominenz benutzt, damals wie heute mit einem

23

prächtigen Ausblick ins Orontes–Tal hinunter. Im Jahre 51 v. Chr. säuberte Cicero, als Prokonsul, das Amanus–Gebirge von Räuberstämmen und beeindruckte mit seiner Ankunft die Parther, die Erzfeinde der Römer, die eben Cassius im nahen Antiochia belagerten (Ad Atticum 5,20,3). Mit Selbstironie erwähnt er, dass er sein Lager am gleichen Ort aufgeschlagen habe wie einst Alexander, dem er neidlos die grösseren Feldherrenfähigkeiten zuschreibt: imperator haud paulo melior quam aut tu aut ego.

Aus der Peutingerschen Tafel, einer mittelalterlichen Kopie einer römischen Strassenkarte: Antiochia am Fluss Orontes

24

Antakya — wo der Name 'Christen' entstand

Wer weiss heute schon, wo Antakya liegt? Dabei war Antiochia am Fluss Orontes einst eine Weltstadt. Die Peutingersche Tafel, eine mittelalterliche Kopie einer römischen Strassenkarte, hebt mit Vignetten Rom, Konstantinopel und eben Antiochia hervor. Hier fanden die Auseinandersetzungen statt, die zum sogenannten Apostelkonzil in Jerusalem führten, mit dem Ergebnis, dass künftig Heiden ohne den Umweg über das Judentum Christen werden konnten (Apostelgeschichte 15). „In Antiochien war es, dass die Jünger erstmals den Namen Christen trugen" (ebenda 11,26). Eine Höhlenkirche mit einer Fassade aus der Kreuzfahrerzeit, hoch über der Stadt, ist dem heiligen Petrus geweiht. Wir finden sie nicht auf Anhieb, und während meine Frau mit den Kindern einkaufen geht, versuche ich mich durchzufragen. Leider kann ich nicht Türkisch. Schliesslich bedeutet mir mit Gesten ein freundlicher älterer Herr mitzukommen.

Er führt mich zu sich nach Hause, wo seine Frau türkischen Kaffee und Melonenschnitten aufstellt. Man nötigt mich, den Rest meiner Familie herbeizuholen. Nahöstliche Gastfreundschaft! Nur können wir uns kaum verständigen. Schliesslich kommt der Sohn von seiner Arbeit als Buschauffeur nach Hause. Zu meiner Verwunderung höre ich ihn mit seiner Mutter arabisch sprechen. „Wir sprechen arabisch, bis wir in die Schule müssen", ist des Rätsels Lösung. Nun können wir uns leidlich unterhalten, und fast mit Gewalt müssen wir uns verabschieden. Mit dem Hinweis auf die Mittagshitze will man uns zu einer Siesta überreden. Natürlich haben sie recht: Kein vernünftiger Mensch wandert jetzt die glühenden Hänge zur Peterskirche hinauf.

Wir sind unvernünftig und büssen es auch gebührend. Vor allem ich, weil ich noch den Resten einer antiken Wasserleitung nachspüren will. Ausserdem ist 300 Meter hinter der Höhlenkirche ein 4,5 Meter grosser Charon–Kopf zu bewundern. Charon war in der antiken Mythologie der Fährmann, der die Toten über die Unterweltsflüsse führte und zum Tor des Hades brachte. Daher rührte der

Kopf des Charon bei Antakya

Brauch, den Verstorbenen eine Münze als Fährgeld unter die Zunge zu schieben.

Ein Windstoss bläst meinen originalen Wohler Strohhut den Hang hinunter. Freundlicherweise machen sich die Kinder auf die Suche. Ihre Kreisläufe sind schliesslich belastbarer.

Zu Fuss mit dem Auto nach Syrien

Eine kurvenreiche Strasse führt aus dem Orontes–Tal in das etwa 800 Meter höher gelegene Yayladag hinauf, der türkisch–syrischen Grenzstation. Mit sechs Personen, viel Gepäck und Anhänger schafft unser VW–Bus die einsame Fahrt oft nur im ersten Gang. Um Yayladag gibt es Pinienwälder, etwas Wind, und vor allem ist es kühler. Die Grenzabfertigung auf türkischer Seite verläuft schnell. „Falls Sie drüben Schwierigkeiten haben, kehren Sie einfach um", sagt uns ein Beamter. Der Tonfall ist bezeichnend für das gespannte Verhältnis zwischen den beiden Ländern.

Wir haben Schwierigkeiten, aber unerwarteter Art: Der Anlasser streikt. Kurze Beratung. Hinter uns steigt die Strasse an, grössere Orte mit Garagen gibt es nicht. Vorwärts geht es hinunter bis ans Mittelmeer. Also nach Syrien! Der Anhänger wird abgekuppelt. Ich und die Kinder stossen den VW an, während meine Frau am Steuer sitzt. Sie wendet, holt den Anhänger in der Türkei und erklärt dann den Syrern das nicht eben alltägliche Grenzmanöver.

"Zu Fuss mit dem Auto nach Syrien"

LATAKIA: KOSMOPOLITISMUS MIT TRADITION

Der Grenzübergang liegt hoch in den Bergen, an den Hängen des Dschebel al–Aqra (1770 m), seit alters ein Ort der Götter. Wenn die Seeleute das etwas nördlich an der Orontes–Mündung gelegene Seleukia — Hafenstadt von Antiochia und wichtige römische Flottenstation — ansteuerten, opferten sie dem auf dem markanten Vorgebirge verehrten Iuppiter Casius. Das Gebiet gehört zu den Stammlanden der Nusairier oder Alawiten, einer islamischen Sekte mit z. T. geheimen Riten. Der syrische Staatspräsident Asad ist ein Alawite, und faktisch herrscht die alawitische Minderheit, eine verschworene Gemeinschaft von etwa 1,5 Millionen, über die restlichen 12 Millionen Syrer.

„Ici seul le socialisme et le patriotisme règnent" steht gross auf einem Schild im syrischen Zollgebäude. Die Beamten zeigen sich zuvorkommend. Zwei sitzen draussen am Spielbrett und trinken Kaffee. Wir sind im Moment die einzigen Kunden. Das hat den Vorteil, dass man sich Zeit nimmt, um über Persönliches zu plaudern. Der Nachteil ist, dass man auch Zeit hat, unser Bargeld fein säuberlich zu zählen und es überhaupt gemütlich zu nehmen. Wer sich darüber ärgert, ist selber schuld und sollte mit dem Club Med Ferien machen. Kleine Grenzübergänge in arabischen Ländern haben nun einmal ihre eigenen Gesetze, aber auch ihren eigenen Reiz. Zweieinhalb Stunden dauert der Parcours: Zwangsumtausch von 100 US–Dollar (in bar!) pro Person, Versicherungsabschluss, Passkontrolle, Devisenerklärung, Fahrgenehmigung, Kontrolle durch den Chef und Zoll. Die Personalien werden von Hand in grosse Bücher eingetragen, Doppel mittels Kohlepapier verfertigt. Wir sitzen unterdessen auf einem Bett neben dem Schreibtisch. Nach einem kurzen Blick in Wagen und Anhänger werden wir mit einem freundlichen 'Welcome!' verabschiedet.

Laodikeia — „zu Ehren der Mutter"

Steil und kurvenreich führt die Strasse hinunter ans Mittelmeer. In der Hafenstadt Latakia soll es einen Campingplatz geben. Unterdessen ist es dunkel geworden. Stundenlang drehen wir in drückend–feuchter Hitze Suchrunden, fragen erfolglos, verfahren uns, entdecken im letzten Moment über der Strasse ein tiefhängendes Kabel und stossen zweimal den Wagen an, da der Anlasser immer noch streikt. Selbstverständlich muss dazu jeweils der Anhänger abgekuppelt werden. Nachts um zehn Uhr gelingt es uns, in einem staatlichen Familien–Camp unterzukommen, vermutlich weil meine Frau mit den Mädchen um Einlass bittet. Wir Eltern sind so erschöpft, dass wir uns ernsthaft überlegen, ob wir die Reise in diesem Stil fortsetzen wollen. Entrüstet fegen die Kinder unsere Zweifel beiseite: „Wir haben uns stundenlang Vorträge über Petra und Palmyra anhören müssen. Jetzt wollen wir dorthin gehen. Wenn's sein muss, auch zu Fuss!" Vox populi.

Anderntags lassen wir in einer kleinen Handwerkerbude in der Altstadt den Anlasser reparieren. Stühle werden gebracht, Cola und Tee offeriert. Junge Burschen hantieren mit Gabelschlüsseln und Schraubenziehern gemäss den Anordnungen des Meisters. Zwei Männer, die unsere Schweizer Nummer entdeckt haben, bleiben auf einen Schwatz: ein Arzt, der gut Deutsch spricht, und ein reicher kosmopolitisch–levantinischer Handelsmann. Seine Villa stehe zur Verfügung, meint dieser nonchalant. Wohnungen besitze er auch in Beirut, in Kanada und am Genfer See, wo sich zur Zeit seine Frau und seine Kinder aufhielten. „Mein Herz klopfte beim Anblick des Schweizer Kreuzes!"

Kosmopolitismus hat in Latakia, der wichtigsten Hafenstadt Syriens, Tradition. Die Zypern gegenüberliegende, ursprünglich phönizische Stadt erhielt von Seleukos I., einem Feldherrn Alexander des Grossen, den Namen Laodikeia, zu Ehren seiner Mutter Laodike. An Bedeutung stand Laodikeia dem weiter nördlich gelegenen Antiocheia in hellenistischer Zeit nur wenig nach. Die Handelsbeziehungen erstreckten sich bis nach Indien, Wein wurde bis nach

Ägypten exportiert. Erdbeben sowie christliche und muslimische Eroberer vernichteten die Spuren der Vergangenheit fast vollständig. Immerhin war Latakia während der französischen Mandatszeit einige Jahre Hauptstadt des Alawiten–Staates (1925 – 1942). Nach dem Motto „Divide et impera – Teile und herrsche" hatte Frankreich kurzerhand aus den syrischen Spannungsgebieten halbautonome Kleinstaaten geschaffen. Ähnlich wie das heutige Jordanien bestand das damalige Rest–Syrien fast nur noch aus Wüste, ohne Verbindung mit dem Mittelmeer. Von den Kleinstaaten hat bloss der Libanon seine Eigenständigkeit bewahren können, wenigstens auf dem Papier und nicht nur zu seinem Vorteil, wie heute manche Libanesen meinen.

FÜR UGARIT GIBT ES KEINEN BAEDEKER

Die alten Baedeker sind für viele Gegenden immer noch massgeblich. Kein solider moderner Reiseführer entsteht ohne Rückgriff auf die rotgebundenen Bände. Die jüngste deutsche Ausgabe „Palästina und Syrien" stammt aus dem Jahre 1910. Erst 1928 aber fand ein Bauer zufälligerweise beim Pflügen Reste der berühmten Königsstadt Ugarit, wenige Kilometer nördlich der syrischen Hafenstadt Latakia. Ugarit ist vielleicht doppelt so alt wie die ägyptischen Pyramiden. Seine Blütezeit begann um 2000 v. Chr., sein Ende um 1200 v. Chr. schreibt man den sogenannten Seevölkern zu. Die Stadt wird in den Texten dreier berühmter Archive dieser Epoche erwähnt: in jenem von Mari am Euphrat, von Amarna am Nil und von Bogazköy, etwa 150 Km östlich von Ankara. Auch Ugarit selbst hinterliess ein wichtiges Tontafel–Archiv. Bedeutend sind die Texte aus der kanaanäischen Mythologie, von der einzelne Motive in frühgriechischen und alttestamentlichen Schriften weiterleben.

Das älteste Alphabet

Wir sind die einzigen Besucher des ausgedehnten Ruinenfeldes. Für das Auge eher langweilig: niedere Mauern, Eidechsen, Steinplattenböden und wieder Mauern. Einige davon sind die Reste des Palastes mit dem Archiv. Dort fand man u.a. ein unscheinbares Stück gebrannten Tones von der Grösse eines Schokolade–Riegels, darauf dreissig Keilschrift–Zeichen. Diese stellen das älteste bisher bekannte Alphabet dar. Es stammt aus dem 15./14. Jh. v. Chr. Keilschrift und Hieroglyphen gab es zwar schon seit etwa 3000 v. Chr., aber das waren komplizierte Schriftsysteme mit Hunderten von Zeichen, was sie für termingeplagte Handelsleute wenig geeignet machte. Erst mit dem Alphabet konnten die Menschen auf einfache und schnelle und Sitten vertraut ist, kann einen Dragoman entbehren und sich auf die Mitnahme eines Mukâri beschränken, was natürlich bedeutend billiger ist. Man bezeichne aber dann genau die Route, die man einzuschlagen beabsichtigt, damit man für etwaige Unfälle der Tiere nicht verantwortlich gemacht werde, und sei beim Mieten der Pferde besonders vorsichtig. Für die eigene Bekleidung hat man selbst zu sorgen; Konserven, Kaffee, Tee, Wein, Kognak, auch etwas Zuckerwerk für die Kinder der Bauern, Gepäck und Sattel, sowie Waffen lege man stets zu sich in den Raum, wo man übernachtet. Eigene Decken sind ebenfalls mitzunehmen.

D. Reiseausrüstung. Zur Gesundheitspflege.

Kleidung. Man versehe sich mit zwei vollständigen Anzügen aus Tuch, einem Überrock und einem Plaid. Ein heller Reiseanzug und ein dunkler Anzug für die Städte genügen; zu Besuchen ist ein schwarzer Rock nicht notwendig; den Frack lasse man zu Hause. Man empfehle seinem Schneider zu Hause eine besonders solide Näherei; denn Flicken und Knöpfannähen auf der Reise ist widerwärtig und teuer. Für die wärmere Jahreszeit mag man noch in Jerusalem oder in Beirût leichtere Kleider kaufen (Anzug von 40 fr. an). Im Frühjahr ist ein Kautschukmantel unentbehrlich; ein Regenschirm hat wenig Wert. — Wollene Leibwäsche schützt gegen Erkältung. Beim Reiten sind auch leichte Seidenhemden angenehm (in Beirût und Jerusalem erhältlich). Wäsche wird im Orient nach der Stückzahl berechnet (das Dutzend 2-3 fr.); einerlei ob Kragen oder Hemden.

Die Fußbekleidung wähle man leicht aber stark, weil man häufig in den Fall kommt, ganze Tage auf den Beinen zu sein; bei vielem Reiten sind lederne Reitgamaschen (in den Hafenstädten und Jerusalem käuflich) angenehm, elastische Strippen (Stege) notwendig, Pantoffeln sind mitzubringen.

Als Kopfbedeckung genügt ein gewöhnlicher Reisehut. Empfehlenswert sind Helme aus Kork oder Stroh mit Tuch überzogen. Gute Tropenhelme bekommt man billig in Jerusalem, Jaffa und Beirût. Bei größerer Hitze schützt man den Nacken, der besonders von der Sonne angegriffen wird, durch ein weißes Musselintuch oder eine seidene kûffîje (S. xxi), die am Hut befestigt wird. Die Keffîje wird unter oder über dem Hut getragen. Vom Tragen des roten Fez (ar. tarbûsch) ist entschieden abzuraten, da der Hut das Abzeichen der höheren Würde des Europäers ist.

Erwähnt seien noch einige Kleinigkeiten, die man aus Europa mitbringe: ein guter Feldstecher, Trinkbecher von Leder oder Blech, Feldflasche, ein gutes Messer mit Korkzieher, ein Thermometer, ein Taschenkompaß von nicht zu kleinem Format. Zur Erleuchtung größerer dunkler Räume dient Magnesiumdraht (bandförmig). Gutes Insektenpulver, das auf Reisen ins Innere nötig ist,

aber auch sonst oft angenehm ist, findet man in Jerusalem und Beirût. Kostbare Uhren lasse man zu Hause.

Forschungsreisen in das Innere erfordern größere Vorbereitungen, die man am besten einem guten Reisebureau oder einem erprobten Dragoman anvertraut. — Literatur: *O. v. Kremer*, ...; zu wissenschaftlichen Beobachtungen auf Reisen (2 Bde., 3. Aufl. Hannover 1906, 43 ℳ); *F. v. Richthofen*, Führer für Forschungsreisende (Berlin 1886; Neudruck Hannover 1901, 12 ℳ); *Baedeker*, Hints to travellers (2 Bde., 9. Aufl., London 1906, 15 sh.).

Zur Gesundheitspflege. In den bedeutenderen Städten finden sich gute Ärzte, die wir nennen. Die gewöhnlichsten Erkrankungen sind Fieber (Malaria, Typhus) und Durchfall, der leicht in Dysenterie übergehen kann. Man meide Überanstrengungen, hüte sich vor unreifem Obst oder zu reichlichem Obstgenuß und trinke nur abgekochtes Wasser (Tee), auch dies stets mäßig. Strenge Diät (Reis oder Arrowroot mit Milch) hilft am besten.

Vor Sonnenstich schütze man sich durch geeignete Kopfbedeckung (S. xx). Gegen das grelle Sonnenlicht trage man graue Brillen. Im übrigen hüte man sich in Ruinenfeldern namentlich vor Fußverrenkungen und vermeide unnützes Klettern, da ein kleiner Schaden die ganze Reise verderben kann. Die auf der Landreise mitzunehmende Reiseapotheke (trocken zu verwahren!) enthalte etwa folgende Mittel, die man sich zu Hause von einem Arzt verschreiben lasse. Gegen Fieber: *Chinin* in Pillen oder dergl. Gegen Kopfweh: *Phenacetin* oder *Antipyrin*. Abführmittel: *Aloëpillen* oder ähnl.; stärker wirkt *Kalomel*, am besten in Oblatenkapseln, dann *Opium* (in Pillen). Gegen Entzündung der Augen: ein Augenwasser (vom Arzt zu verordnen) nebst Glas zum Eintraufeln. Für Schwächefälle: *Hoffmanns* sche Tropfen. Gegen Insektenstiche: *Ledum. Salmiak*. Für äußere Verletzungen: *Verbandzeuge, Sublimatpastillen* und *Jodoform* (zur Desinfektion), *Kollodium*.

E. Münz-, Paß- und Zollwesen. Konsulate.

Münzwesen (vgl. die Tabelle vor dem Titel). — Die Münzeinheit in Syrien ist der Piaster (arab. *ḳirsch, kurûsch*) zu 40 Para (arab. *faḍḍa, magêḍî*). Er hat verschiedenen Wert: an den Regierungskassen (*sêr*) als offizieller Pi. *sêr* einen höheren, etwa 17 Pf. nach unserm Gelde; im gewöhnlichen Verkehr und im Handel (*schurûḳ*) als Pi. *schurûḳ* einen niedrigeren, ungefähr 15 Pf. und weniger, je nach der Stadt. So gilt z. B. 1 Medschidî bei der Regierung (Telegraph usw.) 19 Pi. (*sêr*), im gewöhnlichen Verkehr in Jerusalem 23 Pi. (*schurûḳ*), in Jaffa 26 Pi. (*schurûḳ*). — Man unterrichte sich also an jedem größeren Ort über den Wechselkurs.

Von ausländischem Geld sind 20 Frankstücke am gangbarsten, auch englische Pfund (£ Sterl.) und russisch-Imperials (15 Rubel), Zehn- und Fünf-Rubelstücke haben Kurs; deutsches Gold ist ohne Verlust schwer anzubringen. Ausländisches Silber ist in der Türkei

Aus: Baedekers Palästina und Syrien, Leipzig 1910

Art und Weise festhalten, wieviel Geld sie verdienten und was allenfalls ihr Gemüt sonst noch bewegte. Tröstlich ist, dass sie sich damals ungefähr über das gleiche freuten oder ärgerten wie wir heute. Das Alphabet ist eine grossartige Erfindung, vergleichbar mit der des Computers. Nur sind Tontafeln dauerhaftere Speicher und sehr umweltfreundlich.

Im Ruinenfeld von Ugarit

Ich kaufe mir am Billetschalter eine Kopie dieses genialen „Schokolade–Riegels". Der Wächter erkundigt sich nach unserer Herkunft, klagt dann über Rückenschmerzen und bittet um Medikamente. Ich gebe ihm einige Tabletten, nachdem ich den Packungsprospekt studiert habe. Er ist im wesentlichen mit den gleichen Lauten geschrieben, die vor dreieinhalbtausend Jahren in dieser Gegend gehört, geformt und über viele Stationen zu unseren Buchstaben geworden sind. Sogar ihren semitischen Namen hat die Zeichenfolge behalten: Alf ('Rind') und bet ('Haus') hiessen die beiden ersten Buchstaben, die zusammen das für unsere Ohren so griechisch klingende Wort Alphabet ergaben.

Wenig bekannt ist, dass in Ugarit auch die älteste Notenschrift der Menschheit gefunden wurde. Es handelt sich um ein churritisches Kultlied, ebenfalls in Keilschrift geschrieben und wohl aus der gleichen Zeit wie das Alphabet. Amerikanische (wer denn sonst?) Wissenschaftler haben ihre Interpretation des Liedes auf einer Schallplatte veröffentlicht.

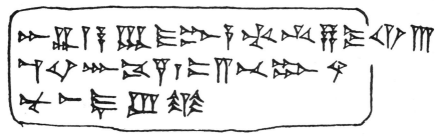

Das Keilschrift–Alphabet von Ugarit

Tartus — letzte Kreuzfahrerbastion in Syrien

Wir fahren von Ugarit nach Süden, dem Mittelmeer entlang, und überqueren bei Baniyas die frühere Grenze zwischen den beiden Kreuzfahrerstaaten 'Fürstentum Antiochien' und 'Grafschaft Tripolis'. Etwa von 1100 bis 1300 dauerte die Epoche der Kreuzzüge, eine Zeit der Kriege, Grausamkeiten und des religiösen Fanatismus. Die gute Seite: von den Arabern übernommenes und weiterentwikkeltes antikes, v. a. griechisches Geistesgut wurde im Abendland (wieder) bekannt. Muslimische Wissenschafter waren damals den abendländischen bei weitem überlegen. Die Medizin beispielsweise kannte die Narkose und benutzte in Wein getränkte Tücher, um Infektionen von Wunden zu vermeiden.

Mächtige Kreuzritterburgen haben jene Zeit überdauert, aber auch Kathedralen mit gotischen Spitzbogenfenstern (Spitzbogen waren im Osten schon vor der Gotik bekannt!). Die schönste steht in Tartus. Heute ist sie ein Museum mit interessanten Exponaten von der Antike bis zur Neuzeit. Sie steht neben dem mittelalterlichen Stadtkern, der sich innerhalb des alten Kastells erstreckt. In dessen

Front der Kreuzfahrer–Kathedrale in Tartus

Nordwestecke erhebt sich die Zitadelle, einst Hauptfestung des Templerordens. 1291, im Gründungsjahr unserer Eidgenossenschaft, wurde sie als letzte christliche Bastion in Syrien von den Muslimen erobert. Die Templer zogen sich auf die Insel Zypern zurück.

Wir beschliessen unseren Besuch von Tartus mit Pouletspiesschen in einem blitzsauberen Restaurant am Strand, gegenüber der Insel Ruad. In phönizischer Zeit hiess sie Aradus, die Stadt auf dem Festland Antaradus. Die Araber machten daraus Tartus.

Krak des Chevaliers: „Wohl das schönste Schloss der Welt"

Der wahrhaft legendäre Engländer 'Lawrence of Arabia' hat sich vor seiner nahöstlichen Agenten–Tätigkeit im Ersten Weltkrieg wissenschaftlich mit den Kreuzfahrer–Burgen befasst und 1910 darüber ein zweibändiges Werk als Dissertation eingereicht. Im Jahre zuvor, als Einundzwanzigjähriger, schrieb er seiner Mutter aus Latakia, er habe den Krak des Chevaliers besucht, „das wohl das schönste Schloss der Welt ist: bestimmt das malerischste, das ich je gesehen habe — wirklich wunderbar. Ich blieb dort drei Tage mit dem Kaimmakam, dem Gouverneur, das ist ein sehr zivilisierter — französischsprechender —Schüler der Herbert–Spencer–Freimaurer–Mohammedaner–Jungtürken, ein recht umgänglicher Mann" (zitiert aus der Lawrence–Biographie von David Garnett).

Die gewaltige Burg steht auf einem 750 Meter hohen Berg nahe der libanesischen Grenze und beherrschte einst den Zugang vom Mittelmeer–Hafen Tortosa (Tartus) nach Emesa (Homs) am Orontes. Bis noch vor wenigen Jahren führte übrigens diese Verbindung durch einen Zipfel libanesischen Gebietes. Heute macht die Autobahn der Grenze entlang einen Bogen. Halbwüchsige stehen am Wegrand und halten Zigaretten und WC–Papier feil. Der Libanon hat's und liefert's — Grenze und Krieg hin oder her.

Die Auffahrt zur Burg ist steil. Mit unserem Anhänger können wir nur hoffen, dass uns niemand entgegenkommt und wir nie anhalten müssen. Neben der Burg steht ein kleines Restaurant, auf dessen Parkplatz, am Rande eines Abgrundes, wir den Camper aufstellen. Das Anhängerzelt wird ausnahmsweise gut gesichert, da hier oben ein kräftiger Wind weht. Auf meine Frage nach den Übernachtungsgebühren bekomme ich zur Antwort: „Mafi muschkila! — Kein Problem!" Als einigermassen erfahrener Nahöstler weiss ich, dass hinterher gerade diese Antwort zu den grössten Problemen führt, und vereinbare einen konkreten Betrag.

Krak des Chevaliers: arabische Inschrift des Mamluken–Sultans Baybars über dem Tor

Spiegel, Feuerzeichen und Brieftauben

Wir treten durch das Tor, über dem sich der Mamluken–Sultan Baybars in einer arabischen Inschrift verewigt hat. 1271 nahm er die Kapitulation der Johanniter–Ritter an und gewährte ihnen freien Abzug in die angrenzende christliche Grafschaft Tripolis. Die Johanniter oder Hospitaliter (Ordo militiae Sancti Johannis Baptistae hospitalis Hierosolymitani) heissen später Rhodiser, dann Malteser. Die Namen spiegeln die Geschichte. Der sozial und in der Krankenpflege tätige Orden wird heute von über 30 Staaten als souverän anerkannt (wie der Hl.Stuhl) und unterhält diplomatische Beziehungen. Wer dazu gehört, darf auf die Todesanzeige schreiben: „Sou-

Krak des Chevaliers: gewaltige Festung in dominierender Lage

veräner Ritterorden vom Hospital des hl. Johannes zu Jerusalem, genannt von Rhodos, genannt von Malta". Gewöhnliche Sterbliche dürfen sich wenigstens am Malteser–Kreuz auf den Flaschen der berühmten französischen Pomerol–Weine erfreuen. Die Ritter hatten nämlich einst in Pomerol einen Stützpunkt, und die klugen Weinleute machen sich das heute zunutze. Sie haben eine 'Confrérie des Hospitaliers' gegründet und kämpfen, zwar ohne Schwert, aber nicht weniger werbewirksamer, mit ihren telegenen roten Rittermänteln für die kleinste A.C.–Region des Bordelais.

Malteserkreuz auf Pomerol–Flaschen

Die Aufwege und Gänge des Krak sind pferdetauglich angelegt worden. Riesige Gewölbe dienten als Ställe und Lagerräume. Vorräte für 2'000 Ritter mit Dienern und Pferden für fünf Jahre sollen hier gestapelt worden sein. Peter Bamm, deutscher Schriftsteller mit Weltkriegserfahrung, formulierte es so: „Ich bin ein alter Quartiermacher und verstehe etwas von diesem Geschäft. In dieser Burg wären fünftausend Mann leicht unterzubringen." Der Krak beherbergte denn auch später ein ganzes Dorf, dessen Bewohner heute am Fuss der Festung angesiedelt sind. Aber nicht nur die Grösse beeindruckt, sondern auch Lage und Bautechnik. Weitherum geht der Blick, bis er sich am Horizont im flimmernden Licht verliert. Kein Heer konnte sich unbemerkt nähern. Mit weiteren Burgen und Städten bestand Sichtverbindung, Signale und Botschaften wurden mit Spiegeln, Feuerzeichen und Brieftauben ausgetauscht. Wie geschaffen für Mantel–und Degen–Filme wären die gewaltigen Wälle, kirchturmhohen Mauerglacis und Wassergräben.

Die Syrer verbinden mit dem Krak des Chevaliers weniger romantische Vorstellungen. Für sie steht er als Symbol eines frühen europäischen Kolonialismus. Bezeichnend ist, dass 1987, 800 Jahre nach dem Siege Saladins bei Hattin über die fränkischen Ritter, in Damaskus ein Historiker–Symposion über die Kreuzfahrerzeit stattfand. Für manche Teilnehmer war und ist Israel eine Neuauflage der alten Franken–Staaten. Anzumerken ist eine Laune der Geschichte: Saladin war ein Kurde und stammte aus Tekrit, dem Geburtsort des irakischen Präsidenten Saddam Hussein.

Kreuzfahrer–Brutalos

Nach dem mehrstündigen Marsch können wir die einfache, aber saubere Dusche in einem kleinen Anbau des Restaurants benützen. Das Abendessen kommt aus der eigenen Camper–Küche: Gschwellti mit Eier–Tomaten–Gurken–Salat. Die Stimmung unter dem kühlen Sternenhimmel und den düster ragenden Burgmauern ist vergnügt bis ausgelassen. Die Kinder reproduzieren erfolgreich Cabaret–Rotstift–Nummern. Ich bin froh darüber, denn ich habe untertags von einigen Kreuzfahrer–Greueltaten berichtet, kannibalischen beispielsweise, wobei ich bei den blutigsten darauf achtete, dass die Jüngste ausser Hörweite war.

Heute abend haben die beiden Buben Abwaschdienst. Ich mache einen Kontrollgang zum Spülbecken und höre eben, wie die Jüngste dem Ältesten das Angebot macht, für ihn abzutrocknen, falls er ihr die Mordgeschichten erzähle.

PALMYRA: FRAU ZENOBIA AUGUSTA GEGEN HERRN AURELIANUS AUGUSTUS

Wenn man, auf der Höhe von Homs, vom Mittelmeer durch die Syrische Wüste bis zum Euphrat eine Linie zieht, findet man in deren Mitte die Stadt Palmyra (aramäisch Tadmor). Wir kommen vom Krak des Chevaliers, umfahren Homs südlich und brauchen Benzin. Gemäss Reiseführer soll es nach 43 Wüstenkilometern eine Tankstelle geben. Soll es oder gibt es, oder müssen wir vorsichtshalber einen Umweg über die Stadt machen? Kleiner Disput, sechs Familienmitglieder, sechs Meinungen. Ein gutgenährter freundlicher Syrer im langen weissen Gewand macht den Schiedsrichter und beschreibt uns gestenreich den Weg zu einer in der Nähe gelegenen Tankstelle.

Eine Stunde später, an der Verzweigung in der Wüste, zweiter Disput: alte oder neue Strasse, die nach Bagdad weiterführt? Diesmal gibt ein Lastwagenchauffeur den Ausschlag, der die alte Strasse empfiehlt. Bei jedem von einem Schlagloch verursachten Bumser bekommen die Anhänger der alten Strasse von den Anhängern der neuen Strasse bittere Vorwürfe zu hören. „Wir haben's ja gesagt!"

Wir fahren zum kleinen, traditionsreichen Hotel Zenobia, dessen Vorplatz den selten auftauchenden Campern zur Verfügung steht. Wider jede statistische Wahrscheinlichkeit treffen wir auf ein St. Galler Ehepaar, das mit zwei Kindern unterwegs ist. Wir tauschen unter den Bäumen im Garten unsere Erfahrungen aus. Zwischendurch stellen wir uns unter die in einer Ecke installierte Dusche, um die 42 Schattengrade etwas erträglicher zu machen.

Der Hotelmanager ist Lehrer. Ich erzähle ihm von meinem früheren Aufenthalt, worauf er einen älteren Mann holt, der sich redlich, aber begreiflicherweise vergeblich bemüht, sich an mich zu erinnern. Leider sind die alten Gästebücher verschwunden und mit ihnen auch der einstige Glanz des Hotels. Ein grosses Allerwelts–Meridien hat ihm den Rang abgelaufen. Ich ziehe das Zenobia dennoch vor, vor allem seinen Garten: ein paar Stühle und Tischchen unter Palmen und Pinien, in denen nachts der Wind rauscht, im Westen die Silhouetten des riesigen Ruinenfeldes, arabische Gäste mit rotweissen Keffiyen (Kopftüchern), die an ihren Wasserpfeifen ziehen, Tee trinken und die Gebetsschnur durch die Finger gleiten lassen.

Palmyra: Hadrianstor und Kolonnadenstrasse

Antike Grossstadt in der Wüste

Verlassene Minenstädte gibt es viele auf der Welt, aber eine verlassene antike Grossstadt mitten in der offenen Wüste ist einmalig. Palmyras Bedeutung erhellt schon daraus, dass man (fälschlicherweise) Salomon den Bau der Stadt zuschrieb (2 Chronik 8,4). Ihre

Blütezeit hatte sie im 3. Jahrhundert n. Chr. unter der Königin Zenobia. Diese tatkräftige Dame herrschte über ein Reich, das sich von Kleinasien über Mesopotamien bis nach Ägypten erstreckte. Sie gab sich selbst den Titel Augusta, wurde aber kurz darauf (272) vom römischen Kaiser Aurelianus Augustus geschlagen. Die Stadt wurde Legionslager, wie Vindonissa, bis sie 634 von den Arabern erobert wurde.

Wie kam die Oase Palmyra in der Einöde zu Macht, Reichtum und wohl 100'000 Einwohnern? Schauen wir in einen Geschichtsatlas: im Westen das mächtige Römische Reich, im Osten, hinter dem Euphrat, dessen Erzrivalen, die Sassaniden (Perser). Je nach Stärke oder Schwäche der beiden Grossmächte blieb den Kleinen dazwischen mehr oder weniger politischer Spielraum. Zenobia hat die Gunst der Stunde genutzt und die Oberherrschaft der Römer abschütteln können, als diese mit den nach Süden drängenden Germanen beschäftigt waren. Es war die Zeit, als die Alemannen in unserer Gegend übel hausten. Des Aargau Leid, Palmyras Freud.

Den Reichtum verdankte die Stadt ihrer Lage am westlichen Ende der Seidenstrasse. Karawanen brachten die Produkte Indiens und Chinas über Palmyra ans Mittelmeer. Auch ein reger geistiger Austausch fand auf diesem Wege statt: griechische Philosophie und christliche Mönche wanderten nach Osten, die Heiligen Drei Könige und indische Weisheiten nach Westen. Umgangssprache war Aramäisch, die Sprache von Jesus und Lingua franca der Antike.

„Ich weiss mehr als die Professoren"

Für Palmyra ist das Modewort multikulturell angebracht. Im ausgedehnten Ruinenfeld glaubt man sich einerseits in einer hellenistischen Stadt mit Marktplatz, Säulenstrassen und Theater, anderseits breitet sich ringsum gelbbraune Wüste aus, und die Tempel sind Göttern geweiht mit semitischen Namen wie Baalschamin, Bêl und Atargatis.

Wir sind um sechs Uhr aufgestanden und geniessen die Morgenkühle von 23 Grad. Immerhin sind einige Kilometer abzumarschieren. Ausserdem für die Kinder 400 Meter Laufschritt, da ihr Vater beim Photographieren des vierfachen Torbogens seine Tasche mit Geld und Ausweisen liegengelassen hat. Gottseidank sind wir die einzigen Touristen.

Zum Abschluss besuchen wir den mächtigen Bêl–Tempel, dessen quadratischer Bezirk so gross ist wie fünf Fussballfelder. Nach dem Rundgang gibt es Cola und Tee im Ticket–Häuschen. Ein Führer und zwei Männer aus der Oase bitten uns, sie mit den Kindern zusammen zu photographieren. Beiläufig erwähne ich rühmend einen syrischen Archäologen, mit dem ich vor der Reise brieflich Kontakt aufgenommen habe. Darauf der Guide mit der Miene eines Grandseigneurs: „Oh, ich weiss hier mehr als die Professoren in Damaskus. Die lassen sich jeweils von mir die Ruinen zeigen."

DAMASKUS: „SPENDERIN ALLER FREUDEN UND FEINDIN ALLEN KUMMERS"

Vom Palmyra bis Damaskus sind es 250 km. Man fährt durch die Wüste nach Südwesten und trifft etwa auf halbem Weg auf die Strasse nach Bagdad. Kräftige Speedbreaker liegen vor den Kontrollposten der auch in der Wüste omnipräsenten Staatsmacht. Je näher man an die Hauptstadt kommt, desto mehr Militär ist zu sehen: die israelischen Stellungen auf den seit 1967 besetzten Golanhöhen und südlichen Hängen des 2814 m hohen Hermon liegen bloss 40 Kilometer entfernt.

Damaskus verfügt über den (vorläufig) einzigen echten Campingplatz Syriens. Er liegt an der Autobahn nach Homs und ist leicht zu finden. Total zehn Wagen aus Europa stehen da, die meisten hat man bereits unterwegs getroffen und wird sie später wieder treffen. Individuelles Reisen in Syrien ist tatsächlich eine individuelle Sache. Der Platz grenzt an ein erfrischendes Schwimmbad, im Büro bekommt man libanesisches Bier, ausserhalb des Zaunes weiden Kühe. Wir wollen einige Tage bleiben.

Es ist später Nachmittag. Die Kinder fahren Rollbrett, wobei eines das andere mit dem Abschleppseil hinterherzieht, und lösen mit Hilfe von Lexikon und Atlas Kreuzworträtsel. Ich lese in 'Goethes letzte Schweizer Reise' von Barbara Schnyder–Seidel. Bin ich zuhause in der Schweiz, schmökere ich gerne in Werken über fremde Länder. Im Ausland nehme ich eher Gotthelf oder Thoma oder Goethe zur Hand. Ausserdem begleitet mich seit Jahren auf meinen Reisen Balzacs 'Cousine Bette' — auf französisch. Mein Wille ist stark, dennoch bin ich zur Zeit erst auf Seite 87 angelangt. Am Ende eines anstrengenden heissen Tages gewinnen gewöhnlich Herren wie

D'Artagnan, Athos und Porthos die Oberhand über Balzacs Cousine — auf deutsch.

Nach der Lektürestunde und einer prosaischen grossen Wäsche tausche ich mit dem Platznachbarn aus Deutschland Erfahrungen aus. Er ist mit den Bardorfs befreundet, die einen guten, für die Praxis bestimmten Syrien–Reiseführer geschrieben haben. Ein Offizier fährt heran, diskutiert mit dem Platzwart und verschwindet wieder. Welcher Organisation er angehört, weiss ich nicht. In Syrien gibt es mehrere Geheimdienste und militärische Organisationen, die sich gegenseitig kontrollieren, gelegentlich aber auch recht eigenmächtig handeln. Die Schweizer Botschaft (deren Chargé d'affaires Fritz Küeni wir manchen wertvollen Hinweis verdanken) empfiehlt deshalb Einzelreisenden, sich bei ihr zu melden, mit Autonummer und –Farbe, Reiseroute und Aufenthaltsdauer. Die lückenlose Überwachung, z. T. in Form von zivilgekleideten Jünglingen mit Moped und Kalaschnikow, hat zumindest den Vorteil, dass sich in der 1,5–Millionen–Stadt Damaskus alte und junge Leute sicherer bewegen können als in mancher Schweizer Stadt.

Damaskus: im Hof der Omayyadenmoschee

Eine Oase von der Grösse des Kt. Schaffhausen

„Blumenreiche", „Königin der Düfte", „Spenderin aller Freuden und Feindin allen Kummers": für einmal dürfen wir mit gutem Gewissen Karl May zitieren. Sein Lob auf Damaskus in „Von Bagdad nach Stambul" deckt sich durchaus mit dem von zünftigen Reisenden aus dem letzten Jahrhundert. Gewiss, heute, da gibt es die Asphaltstrassen, die der Wüste ihren Schrecken nehmen. Aber wer einst zwanzig oder mehr Tage auf Pferden oder Kamelen unterwegs gewesen war, für den bedeutete die Oase Damaskus das Paradies. Die Stadt liegt am Fusse des Dschebel Kassiun, eines Vorgebirges des Antilibanon. Dort entspringt der Fluss Barada, der mit seinen vielen Verästelungen und Kanälen eine Fläche von etwa 300 Quadratkilometern fruchtbar macht.

Damaskus gehört zu den ältesten Städten der Welt. Bereits im 2. Jahrtausend v. Chr. wird es in ägyptischen und assyrischen Listen erwähnt, David eroberte es, Salomon verlor es wieder, Alexanders Soldaten kamen 333 v. Chr. Mit ihnen begann die Kulturepoche des Hellenismus. In die römische Zeit fällt die Bekehrung des Apostels Paulus. „Der Herr sprach zu ihm (Ananias): „Steh auf und geh in die Strasse, die man die 'Gerade' nennt, und frage im Hause des Judas nach einem Manne aus Tarsus mit Namen Saulus; denn siehe, er betet" (Apostelgeschichte 9,11). Die 'Gerade Strasse' existiert noch heute, und im Christenviertel mit den herrlichen schattigen Gässchen, die sich zwischen den weissen Häusern durchwinden, wird das Haus des Ananias gezeigt.

Unter den Omayyaden (661 – 750) war Damaskus Sitz des Kalifats, das von Medina hierher verlegt worden war. Wir verdanken jenen die Omayyaden–Moschee, die im nördlichen Teil der ummauerten Altstadt liegt. Schwarze Kapuzenmäntel werden am Hofeingang für westliche Besucherinnen bereitgehalten. Selbst unsere beiden Mädchen, neun und elf Jahre jung, müssen sich — murrend und schwitzend — verhüllen. Früher stand auf dem gewaltigen Platz der Tempel des Iuppiter Damascenus. Um 400 wurde er in eine christliche Basilika umgebaut und Johannes dem Täufer geweiht. Dessen Haupt wird in einem Schrein verehrt, auch von den Muslimen. 300 Jahre später übernahmen die Araber das Erbe der späthellenistischen Antike (im Morgenland fand die eigentliche Renaissance vom 8. bis 10. Jahrhundert statt). Die Basilika verwandelte sich in eine Moschee. Obwohl mehrmals durch Brände zerstört (am nachhaltigsten durch die Mongolen um 1400, wobei 30'000 Damaszener umgekommen sein sollen) und wieder aufgebaut, hinterlässt der gewaltige Bau mit seinen herrlichen Mosaiken einen tiefen Eindruck.

Wie die Türken vor Wien, so wurden die mehrmals angreifenden Kreuzfahrer vor Damaskus gestoppt. Erfolgreicher waren 1516 die Osmanen, die bis in unser Jahrhundert über den ganzen Vorderen Orient herrschten. Um die Wallfahrt nach Mekka zu erleichtern, befahl der Sultan 1901, von Damaskus nach Mekka eine Bahn zu bauen. Schon 1908 waren die 1300 Kilometer bis Medina vollendet. Dabei blieb es. Arabische Aufständische, unterstützt von englischen Agenten wie Lawrence of Arabia, zerstörten sie teilweise während des Ersten Weltkrieges. Damaskus und Medina warten noch heute auf den Wiederaufbau. Geblieben ist der Hedschas–Bahnhof: ein prächtig–kitschiger Bau aus der Belle époque. Die nach Klassen getrennten Billetschalter sind noch französisch beschriftet. Einige alte Wagen und Lokomotiven (u.a. von der SLM–Winterthur) träumen auf den Geleisen. Ich verzichte auf das Photographieren, da ich keine offizielle Bewilligung eingeholt habe. Unangenehme frühere Erfahrungen beim versehentlichen Knipsen einer Telefonzentrale, inklusive Verhaftung und Verhör, haben mich vorsichtig gemacht.

Den Eingang zum Nationalmuseum schmückt die aus dem 8. Jahrhundert stammende Palastfassade des Wüstenschlosses Qasr al–Hair al–Gharbi. Zu den eindrücklichsten Exponaten gehören die Fresken aus der Synagoge von Doura Europos, einer einst bedeutenden, am mittleren Euphrat gelegenen Stadt. Dargestellt sind Sze-

nen aus dem Alten Testament, z. B. der Auszug aus Ägypten oder
der Raub der Bundeslade.

Nach langen Kulturstunden und ausgedehnten Fussmärschen
schätzt man das kühle Wasser im Schwimmbad doppelt. Abends
klopfen die Buben mit meiner Frau einen Jass, während ich den
Mädchen Wilhelm Busch–Verse vorlese. Einen besonderen Eindruck
macht ihnen der geniale Zweizeiler:

> *Drei Wochen war der Frosch so krank,*
> *jetzt raucht er wieder, Gott sei Dank!*

Dscherasch: Hollywood mit Maschinenpistolen

Der reisserische Titel hat seine Berechtigung, zumindest während des in den grossartigen Ruinen von Dscherasch stattfindenden 7. internationalen Festivals. Dscherasch hat dabei wohl vom kriegsbedingten Ausfall des unten erwähnten libanesischen Baalbeck–Festivals profitiert (wie auch Ammann in wirtschaftlicher Hinsicht vom Ausfall Beiruts).

Wir haben am Morgen Damaskus auf der Autobahn nach Süden verlassen. Auf dem rechts sich erhebenden, 2814 m hohen Berg Hermon liegen Schneefelder. Vor der Grenze zu Jordanien werden die letzten syrischen Pfunde in Früchte, Cola, Eier und Benzin umgesetzt. Zweieinhalb Stunden dauern die Ausreiseformalitäten, anschliessend die Fahrt durchs Niemandsland (das Verhältnis zwischen den beiden Nachbarn ist, gelinde gesagt, sehr wechselhaft). Für den jordanischen Zoll nehmen wir uns einen 'Help', einen jener dienstbaren, vielsprachigen, offiziösen Geister, welche die Reisenden für harte Dollars zu den richtigen Schaltern lotsen.

Nach knappen 50 Kilometern halten wir beim Eingang zum Ruinenfeld von Dscherasch — und werden gleich auf einen entfernt liegenden Parkplatz weggewiesen. Wir leben schliesslich im Zeitalter der Autobomben, und das Festival steht unter dem Patronat der jordanischen Königin Noor. Die Sicherheitsmassnahmen sind rigoros: knatternde Helikopter, patrouillierende Pick–ups mit Maschinenkanonen, jede Menge Polizei und Militär. Die Besucher werden gründlich nach Waffen abgetastet. Doch dann, es ist unterdessen Abend geworden, taucht man in eine Traumwelt. In einem grossen, offenen Zelt spielt die Jordan Armed Forces Band in ihren malerischen Wüstenmänteln, eine italienische Truppe singt im Artemistempel Verdis Rigoletto, Dudelsackmusik, auf einer Säule eine hochflackernde Ölflamme, Zuckerwatte schleckende Knirpse, Volkstanzgruppen aus Ägypten, dem Libanon oder Bulgarien treten auf, verschleierte Frauen wandern durch die Menschenmenge, deren Kleidung alle nahöstlichen Spielarten umfasst, zwei Beduinen hocken an einer römischen Säule und ziehen an der Wasserpfeife, Sound and Light flutet über antike Karrengeleise und von Jahrhunderten blankgeschabte Strassenfliesen. Stünde da nicht plötzlich im Fackellicht ein jordanischer Soldat mit einer neuzeitlichen Maschinenpistole, man würde sich als Statist in einem Hollywooder Monumentalfilm fühlen. „We wish to live creatively and happily in the spirit of ancient Jerash", heisst es im Programmheft. Kein Zweifel: das ist gelungen, und falls der römische Kaiser Hadrian samt Liebling Antinous und Gattin Sabina persönlich aufgetreten wäre, hätte uns das auch nicht weiter überrascht.

Dscherasch: Theater aus dem 1. Jh. n. Chr.

Müde wandern wir im Dunkeln zum Parkplatz zurück, wo drei martialische Gestalten sich auf unseren wackeligen Campingstühlen breitgemacht haben, die schweren Waffen auf dem ebenso wackeligen Klapptisch. Offensichtlich geht ihnen jede Campingerfahrung

"Das Tischblatt hat die Form einer Badewanne angenommen."

ab. Das Tischblatt hat die Form einer Badewanne angenommen. Wir machen gute Miene, bringen den Soldaten Tee und Zigaretten und schlafen dann, bewacht wie nie zuvor.

Die Nacht wird kurz. Sehr früh wecken uns Hähne und Pfauen aus einer benachbarten Gärtnerei, dann ruft der Muezzin aus dem Lautsprecher zum Fadschr, dem Gebet zur Zeit der Morgendämmerung. Ich rasiere mich mit dem Batterieapparat, den ich schon vor 35 Jahre benutzt habe, und denke dabei an einen Spruch aus einer Rolls–Royce–Reklame: „The quality remains, long after the cost is forgotten."

Von Alexander dem Grossen gegründet

Man nimmt heute an, dass die hellenistische Stadt von Alexander gegründet worden ist. Der römische Feldherr Pompeius eroberte sie 63 v. Chr. und schloss sie der Dekapolis an, einer Vereinigung von zehn hellenistischen Städten im Ostjordanland. Kaiser Hadrian besuchte die „reiche römische Stadt" im Jahre 129, ohne ahnen zu können, dass fast 2'000 Jahre später die intakten römischen Abwasserkanäle die Stromleitungen für die Scheinwerfer aufnehmen würden. Sie beleuchten eine Vielzahl von beeindruckenden antiken Bauten rechts und links des Cardo maximus, einer 600 m langen Säulenstrasse. Es wären noch mehr, wenn nicht die sich hier ansiedelnden Tscherkessen (ab 1878) das Ruinenfeld als Steinbruch verwendet hätten. Die Kinder (und auch mein bequemes Alter ego) sind darüber froh, als wir anderntags einen zweiten Rundgang machen. Als sie nach einer Stunde streiken wollen, erinnere ich daran, dass sie in Latakia grosssprecherisch verkündet hätten, sie würden notfalls auch zu Fuss nach Petra marschieren.

Als letztes sehen wir uns die Reste der byzantinischen Kirchen an. Sie begannen ab dem 4. Jh. die heidnischen Tempel zu ersetzen. Perser (Sassaniden), Araber und Kreuzritter zerstörten nach und nach die Stadt, und im 13. Jh. beschreibt sie der arabische Geograph Jakut als „menschenleeres Ruinenfeld". Erst 1806 wird sie vom Oldenburger Reisenden Seetzen wieder entdeckt.

Wir erholen uns kurz im kühlen Visitors–Center, wo sich einige deutsche Gruppenreisende darüber wundern, dass man Jordanien auch mit VW–Bus und vier Kindern besuchen kann. Zum Übernachten fahren wir in den Dibbin–Nationalpark hinauf. In einem Pinienwald darf man neben dem Resthouse campieren, dessen Toiletten zur Verfügung stehen. Wenige scheinen sie zu benutzen, leider, der Pinienduft vermag dagegen nicht aufzukommen. Ausserdem Plastiksäcke mit Abfall, Zeitungen, Büchsen. Anderseits, kaum angekommen, eine Einladung zum Tee von zwei zeltenden jordanischen Ingenieuren. Lebhaftes Interesse zeigen auch saudische Mütter, die mit meiner Frau ins Gespräch kommen. Unsere Kinder spielen Fussball, und der Älteste meldet mir zwischendurch, einer der Saudi habe drei Frauen und neunzehn Kinder bei sich, „Ehrenwort!"

MADABA: MOTOREN, MOSES, MOSAIKEN

Gemeint sind VW–Motoren. Die Volkswagenwerke haben 1964 mit einem ansehnlichen Beitrag dem Deutschen Palästinaverein die Restaurierung der berühmten Mosaikkarte von Madaba ermöglicht.

Madaba liegt 40 km südlich der jordanischen Hauptstadt Amman. Ihre Blüte erlebte die schon auf der Stelle des Moabiterkönigs Mesa (um 840 v. Chr.) und in der Bibel angeführte Stadt in der christlich–byzantinischen Zeit (5. – 7. Jh.). Damals wurde neben vielen 'gewöhnlichen' Mosaiken, in einer Kirche ein Fussboden geschaffen, der auf einer Fläche von 15,5 x 6 m eine Karte des nahöstlichen Gebietes von Syrien bis Unterägypten darstellte.

Ausschnitt aus der Mosaikkarte von Madaba (Norden ist links), in der Mitte Jerusalem

Bald darauf zerfiel die Stadt. 1880 gestatteten die dazumal herrschenden Türken 2'000 Christen die Ansiedlung in diesem Gebiet. Wer das Glück hatte, einen alten Mosaikboden zu finden, baute darüber gleich sein Haus, so dass heute manches wertvolle Stück die gute Stube ziert. Die Palästinakarte im Massstab von ca. 1:15'000 dient hingegen wieder als Kirchenboden, da 1880 über den Resten des alten Gotteshauses die griechisch–orthodoxe St. Georgskirche errichtet wurde. Bei meinem ersten Besuch im Jahre 1964 hob noch der Küster gegen ein Trinkgeld die abdeckenden Holzplanken weg, die zum Teil direkt auf den Mosaiksteinen lagen. Dies und die zunehmende Zahl von Touristen, die auf der Karte herumtrampelten, ausserdem Mäuse und Pilzbefall, beschädigten das Kunstwerk immer mehr. Heute ist der Rest von 10 x 6 m dank der Volkswagenstiftung konserviert und gesichert. Die griechisch beschriftete Karte liefert uns nicht nur geographische Angaben über das damalige Palästina, sondern auch wertvolle Hinweise über Pflanzen und Tiere, ausserdem einen Stadtplan von Jerusalem im Massstab 1:6'000.

„Nur aus der Nähe sollst du das Land schauen!"

Wenige Kilometer von Madaba entfernt erhebt sich der Mount Nebo, ein Ausläufer eines 800 m hohen Plateaus. Von ihm aus soll Moses das Land Kanaan gesehen haben, dessen Betreten ihm Gott verboten hatte: „Steige auf das Gebirge Abarim, auf den Berg Nebo im Lande Moab, gegenüber von Jericho! ... Nur aus der Nähe sollst du das Land schauen, aber hinein sollst du nicht kommen!" (Deuteronomium 32, 49 ff.) Heute finden wir auf dem Nebo Klosterruinen und eine renovierte Kirche mit sehenswerten antiken Funden. Weithin geht der Blick über den Jordangraben und das Tote Meer hinüber zum heutigen Israel. Die Höhenunterschiede sind beträchtlich.

Wir spüren das, als wir anderntags von Amman aus das Tote Meer besuchen, vergleichbar einer Fahrt von der Susten–Passhöhe hinunter nach Wassen. Mit 400 m unter dem Meeresspiegel befinden wir uns am tiefsten Punkt der Erde, zugleich auch an einem der heissesten. Temperatürlich und politisch. Die schwerbewaffneten Soldaten an der Grenzlinie zur von Israel besetzten Zone nehmen ihre Kontrollaufgabe ernst. Ein flotter Spruch prallt an ihnen ab wie an einem pflichtbewussten Schweizer Zöllner, und man spürt physisch, dass sie ihre Waffen nicht zur Dekoration tragen.

Im Toten Meer lassen wir uns vom Salzwasser tragen, duschen mit Süsswasser, entdecken, dass wir das Photographieren vergessen haben, steigen wieder ins Wasser, duschen erneut und setzen uns endlich ins Auto. „Die Flasche für das Tote–Meer–Wasser haben wir noch nicht gefüllt!" ruft eines der Mädchen. Mein Gott, noch länger in dieser Sauna! Die beiden Buben opfern sich und eilen wieder zum Wasser zurück. Schon unangenehm tief steht die Sonne, als wir unsere kurvenreiche Passfahrt hinauf ins kühlere Amman beginnen können.

Blick vom Mount Nebo über den Jordangraben

„Wechsle den Beruf!"

Amman gehört, wie Ankara, zu den in der Antike bedeutenden Städten, die im Laufe der Jahrhunderte zu vergessenen Ruinenfeldern verkamen und erst in neuester Zeit wieder Bedeutung erlangten. Das einstige Philadelphia, auf sieben Hügeln erbaut, wuchert heute nach allen Seiten aus. Aus einem Dorf von 2'000 Einwohnern ist in den letzten 70 Jahren eine Agglomeration von eineinhalb Millionen geworden. Ein guter Teil davon sind Flüchtlinge aus Palästina und dem Libanon. Der Schweizer Theologe und Orientalist Leo Haefeli besuchte 1921 Amman, als es eben zur Hauptstadt des neugeschaffenen Ostjordanlandes erklärt worden war. Er wurde dabei von Emir Abdallah, dem 1951 ermordeten Grossvater von König Hussein, empfangen. „Auf windreicher Höhe im Osten der Bahnstation Amman hat er unter freiem Himmel sein Königszelt aufgeschlagen ... Ein mittelgrosser Mann, mit ovalem Gesicht, Schnurrbart und französisch zugespitztem Kinnbart sitzt vor uns ... Waffen trägt er, wenigstens dass sie zu sehen wären, keine. Dafür bleibt die Schnupftabakdose nie lange fern von ihm und zu wiederholten Malen muss er sich mit grossem rotem Taschentuch gegen die Folgen seines „Lasters" zur Wehr setzen" (Leo Haefeli, Ein Jahr im heiligen Land, Luzern 1924, S. 252 ff.). Von Frauen ist nirgends die Rede, und Abdallah (und vermutlich auch Leo Haefeli) hätte es sich wohl kaum träumen lassen, dass einst die Gattin des heute über Jordanien herrschenden Enkels, Königin Noor, in Zürich mit wohlgewählten Worten eine Ausstellung über Petra eröffnen würde.

In Amman gibt es keinen Campingplatz. Wir haben das Glück, dass wir uns einige Tage im Garten eines wissenschaftlichen Institutes installieren dürfen, Benutzung der umfangreichen Fachbibliothek und der Waschmaschine inbegriffen. Beide sind wesentlich. Ausserdem braucht der VW–Bus einen Service und unsere geschwundenen Lebensmittelvorräte Ergänzung.

Einen gut ausgerüsteten Supermarket finden wir leicht, schwierig hingegen ist die Suche nach Wein und Bier und noch schwieriger die nach der Schweizer Botschaft, welche vor kurzem umgezogen ist. Ein freundlicher Jordanier fährt voraus und hält vor der — schwedischen Botschaft (manche Schweizer verwechseln dafür Iran und Iraq!). Im zweiten Anlauf klappt es. Wir unterhalten uns mit Konsul von Arx und seiner Frau und Mitarbeiterin über die neuesten Entwicklungen in Jordanien. Die Botschaftsräume sind heute so gesichert wie eine moderne Bank. Nachdenklich erinnere ich mich an meine eigene Tätigkeit in Kairo vor 20 Jahren, als gelegentlich Hunderte von Studenten ohne jede Kontrolle in unserem Botschaftsgarten für ihre Visa Schlange standen.

Abends entdecken wir, dass sich erneut ein Bremskabel des Anhängers gelockert hat. Ich schiebe mich darunter, repariere und tauche nach einer halben Stunde schweissüberströmt und schwarzfleckig wieder auf. Kommentar der Familie: „Wechsle den Beruf! Du siehst nie zufriedener aus, als wenn du was zu reparieren hast."

„Ruinen einer ansehnlichen Stadt, wahrscheinlich Petra"

Auch Jordanien hat seinen 'Grand Canyon': Wadi Mudschib heisst der gewaltige Einbruch von 650 m Tiefe. Unten fliesst, sofern Wasser vorhanden ist, der Fluss gleichen Namens, der ins Tote Meer mündet. Das Alte Testament erwähnt ihn unter dem Namen Arnon als Grenze zwischen Moab im Süden und dem Amoriterreich im Norden. Später bauten Nabatäer und Römer an dieser mächtigen, von der Natur geschaffenen Barriere Festungen, letztere ausserdem eine solide Strasse, deren Meilensteine z. T. noch zu sehen sind. Nicht von ungefähr leben die beiden lateinischen Wörter für Strasse (strata) und Meile (milia) heute im Arabischen als sirat und mil weiter. Ebenfalls aus dem Umfeld Strasse und Verkehr stammt das arabische Wort barid (= Post), das wir auf jeder Briefmarke finden. Es leitet sich ab vom lateinischen veredus (= Kurierpferd), woraus wir wiederum unser Wort 'Pferd' gebildet haben.

Der Vorläufer der erwähnten römischen Strasse hiess 'Königsweg', welcher Syrien und Ägypten verband, mit Anschlüssen an die Seidenstrasse im Norden und die Weihrauchstrasse im Süden. Auf modernen jordanischen Strassenkarten finden wir ihn als 'King's Highway' wieder (fälschlicherweise glauben viele, König Hussein sei damit gemeint). Er führt durch eine wunderschöne, abwechslungsreiche Landschaft. Weniger schön ist die Hitze, vor allem als sich unser Gefährt elf lange Kilometer im ersten Gang aus dem Canyon auf das Plateau hinaufquälen muss.

In der Stadt Kerak, am Fusse einer gewaltigen Kreuzfahrerburg, machen wir einen Mittagshalt. Im 12.Jahrhundert residierte hier der Kreuzritter Renaud de Châtillon, der sich einen Deut um Waffen-

stillstandsverträge kümmerte. Hemmungslos überfiel er Handels-
karawanen und Mekkapilger und warf die Gefangenen kurzerhand
über die Burgmauern, hinunter in die steil abfallenden Felsen. Seinem Gegner Saladin gelang es schliesslich, die Festung auszuhun-
gern und zu übernehmen.

*Unser Wagen mit Anhänger im Wadi Mudschib, dem jordanischen 'Grand
Canyon'*

Gegen Abend treffen wir in Petra ein, wo sich neben dem Fo-
rum–Hotel einer der beiden einzigen Campingplätze Jordaniens
befindet (der andere ist in Aqaba), teuer und völlig schattenlos, aber
sauber. Wir sind allein. Ausgepumpt sinken wir Eltern nach dem
Aufstellen auf die Liegestühle unter der herausgekurbelten Sonnen-
store. Und die Kinder? Sie suchen die beiden Abschleppseile hervor, um dann munter wie die schwarzen Ziegen der Beduinen in
den uns umgebenden, von der tiefstehenden Sonne reliefierten Felsen Bergsteiger zu spielen.

Petra: Basler Entdeckungen

Der Basler Forschungsreisende Johann Ludwig Burckhardt alias Scheik Ibrahim erblickte 1812 als erster Europäer der Neuzeit die Ruinen der seit Jahrhunderten verschollenen nabatäischen Handelsstadt Petra. „Ich musste mich hier um meiner Sicherheit willen als einen Aleppiner erklären, welcher seine Verwandten in Ägypten zu besuchen wünschte, denn als Europäer hier zu reisen wäre höchst unvorsichtig", schrieb er seinen Eltern und berichtete dann von den „Ruinen einer ansehnlichen Stadt, wahrscheinlich Petra", einem der „interessantesten Orte, die ich bisher noch gesehen."

Die Bedeutung Petras um die Zeitenwende erklärt sich aus ihrer Lage am Schnittpunkt zweier berühmter Handelsstrassen. Hier traf der Königsweg auf die Weihrauchstrasse, über die indische Gewürze und arabische Spezereien von Aden nach Gaza am Mittelmeer gelangten. Die Nabatäer erhoben auf den durchgeführten Waren einen Transitzoll von nicht weniger als 25 Prozent! Als sich im Laufe der ersten nachchristlichen Jahrhunderte die Verkehrswege änderten, verlor Petra seine Bedeutung und sank allmählich in Vergessenheit.

In römischer Zeit wäre Burckardts Reise um einiges bequemer verlaufen. Damals waren Schweizer und Jordanier ja Landsleute gewesen und die Verkehrsverbindungen zwischen den beiden Ländern so gut wie nie mehr bis in die allerjüngste Zeit. Zufälligerweise gerieten beide Völker fast gleichzeitig — etwa um 60 v. Chr. — in ein Abhängigkeitsverhältnis vom Römischen Reich: die Nabatäer durch den Feldherrn Pompeius, die Helvetier durch seinen Kollegen und Schwiegervater Caesar. Und wenn heute junge Schweizer und Jordanier ihre Hamburger mit dem gleichen roten Allerwelts–Ketchup würzen, so taten das damals Helvetier und Nabatäer mit dem 'garum', einer scharfen römischen Fischsauce mit penetrantem Geschmack, die sowohl im helvetischen Aventicum wie in Petra zum Alltag gehörte.

Grabfront in Petra

"Und wenn heute junge Schweizer und Jordanier ihre Hamburger mit dem
gleichen roten Allerwelts–Ketchup würzen, so taten es damals Helvetier und
Nabatäer mit dem 'garum', einer scharfen römischen Fischsauce mit penetrantem Geschmack ..."

Die von Burckhardt geschaffene Verbindung Basel — Petra erlebt zur Zeit eine Neuauflage. Rolf A. Stucky, Professor für Archäologie an der Universität Basel, führt seit 1988 regelmässig Grabungskampagnen in Petra durch. Sein spezielles Interesse gilt den Wohnquartieren. Unterkunft finden die Archäologen jeweils im 'Nazzal Camp', das Agatha Christie-Leser aus 'Der Tod wartet' kennen.

Die ersten Resultate sind mittlerweile veröffentlicht worden. Eine gute, zusammenfassende Übersicht gibt der von der Schweizerischen Kreditanstalt Zürich herausgegebene Katalog zur Ausstellung 'Petra und die Weihrauchstrasse'. Ein beeindruckendes Ergebnis sei herausgegriffen: Am 19. Mai 363 n. Chr. ereignete sich ein Erdbeben, das in mehreren nahöstlichen Städten wie Jerusalem, Gaza und Petra grosse Zerstörungen anrichtete. Bischof Cyrill von Jerusalem berichtet in einem erhaltenen Brief darüber. Er betrachtete das Erdbeben als göttliche Vergeltung für den Versuch des Kaisers Julian Apostata, die Ausbreitung des Christentums zu bremsen.

Was für die Betroffenen Tod und Zerstörung bedeutete, erwies sich für die Basler Archäologen als Glücksfall. Sie stiessen nämlich bei ihren Grabungen in einem Wohnquartier auf die Skelette einer Frau und eines Kindes und glaubten, es handle sich um einen späten islamischen Friedhof. Der Fund einer dazugehörenden Geldbörse schaffte Klarheit: die Münzen waren in den Jahren zwischen 351 und 361 n. Chr. geprägt worden. Frau und Kind waren beim Einsturz des Hauses ums Leben gekommen. Verschiedene Indizien deuteten zweifelsfrei auf ein Erdbeben. Der oben erwähnte altsyrische Brief (vor wenigen Jahren in der Harvard-Universität in den USA 'entdeckt') erlaubte nun die genaue Datierung der Zerstörung dieses nabatäischen Wohnhauses.

„Die Knie wollten ihren Dienst versagen ..."

Der Schweizer Flugpionier Walter Mittelholzer machte 1934 während seines Abessinienfluges einen Abstecher nach Petra. Ich erinnere mich an seine Schilderung der mühsamen Fussmärsche, als wir anderntags durch den gegen aussen völlig abgeschlossenen weiten Talkessel wandern. Mittelholzer war allerdings im Februar hier. Es fiel sogar Schnee, und in seinem Buch 'Abessinienflug' finden wir ein Bild seines eingeschneiten Wagens!

Walter Mittelholzer beim Schneeschaufeln in Petra
(W. Mittelholzer, Abessinienflug, Zürich 1934)

Von Schnee ist jetzt keine Rede, im Gegenteil! Die Hitze macht sich immer stärker bemerkbar, während wir die z. T. stundenweit auseinanderliegenden steinernen Fassaden und Gräber aufsuchen. Alle sind aus gewachsenem, rötlichem Fels gehauen (ursprünglich waren sie allerdings mit einer weissen Stuckschicht überzogen), manche dienten während Jahrhunderten den Beduinen als Wohnung. Früher traf man in der Ruinenstadt da und dort auf sesshafte Einheimische, konnte einen Schwatz machen, während man ihnen beim

Weben oder Brotbacken zusah. Damit ist es seit 1985 vorbei: sie wurden gezwungen, in neu errichtete Häuser zu ziehen.

Die vermutlich jüngste Fassade ist Ed Deir, imponierende 42 Meter hoch. Wer will, kann sie über einen schmalen Pfad besteigen. Natürlich wollen die Kinder, und ich opfere mich als Begleiter, obwohl ich mich wegen einer Magenverstimmung unwohl und deshalb schwindlig fühle. Die Buben benützen die gefährlich–abschüssigen Stellen, um ihre Trittsicherheit am äussersten Rand zu beweisen, was vor allem ihre Mutter nicht schätzt. Die Stimmung wird gereizt und gereizter, so wie das in den besten Familien vorkommen soll. Es fliessen sogar einige Tränen. Während Frau und Kinder auf Kamelen zurückreiten, marschiere ich wütend zu Fuss — bis mir so elend wird, dass ich resigniere und mich auf ein Pferd setze.

Ich brauche wohl kaum zu erwähnen, dass die Kinder auf dem Campingplatz sogleich wieder ihr beliebtes Bergsteigerspiel aufnehmen und sich schon nach wenigen Minuten mit ihren Abschleppseilen hoch oben in den Felsen tummeln.

LAWRENCE OF ARABIA: „EINE KLEINE STAUBWOLKE IN DER WÜSTE"

Aqaba ist die einzige Hafenstadt Jordaniens. Im Sommer einst eine Hölle, wird heute der Badeort am Roten Meer dank der Hilfe von Klimaanlagen das ganze Jahr über besucht und zählt bereits etwa 50'000 Einwohner. In den frühen 60er Jahren gab es in dem Schmugglerparadies nur ein einfaches Hotel, aus dessen Fenstern man Datteln von den Palmen pflücken konnte. Heute darf man zwischen einem und fünf Sternen auswählen. Eine Fähre führt seit wenigen Jahren hinüber auf den nahen Sinai und schliesst die Lücke im Landweg von der Schweiz nach Ägypten. Geblieben sind die strengen Polizeikontrollen, denn der Hafen liegt in Sichtweite des israelischen Gegenstückes Eilat. Nur wenige Kilometer südlich verläuft die Grenze zu Saudiarabien. Böse Zungen behaupten, die Saudis reisten nach Aqaba, um mit den Feldstechern die badenden Touristinnnen zu verschlingen.

Der schmale Golf von Aqaba ist die Pforte, die vom Roten Meer in den nahöstlichen Raum führt. Schon Salomon legte im Raume von Aqaba und Eilat, im alten Esjon–Geber, einen Hafen an und stellte eine Handelsflotte auf. Als prominenteste Besucherin soll er dort die Königin von Saba empfangen haben. Nahe gelegene Kupfer– und Eisenminen erhöhten die Bedeutung des Platzes. In der Spätantike wurde er zum Standort der römischen Zehnten Legion, im 12. Jahrhundert operierten Kreuzritter mit einer Flotte von Aila aus gegen muslimische Schiffe und Häfen. Saladin machte dem Treiben 1170 ein Ende. Als 1967 Nasser die Strasse von Tiran, den südlichen Eingang in den Golf, für israelische Schiffe schloss, führte dies zum Sechstage–Krieg.

Für mich ist Aqaba aber vor allem mit dem Namen von Lawrence of Arabia verbunden, der 1916 mit seinen Arabern die damals türkische Festung von der Landseite her eroberte. „Alles, was Sie von mir sehen werden, wird eine kleine Staubwolke in der Wüste sein", sagte er 1921 zu Churchill. Die „kleine Staubwolke" hat uns immerhin mit 'Seven Pillars of Wisdom' ein grossartiges Wüstenepos hinterlassen. Nicht weniger grossartig ist dessen Verfilmung durch den Meisterregisseur David Lean, der damit an seinen Erfolg mit der 'Brücke am Kwai' anknüpfen konnte. Der Film wurde 1961/62 zur Hauptsache in Jordanien gedreht. Lawrence bedeutete mir damals soviel wie andern Altersgenossen die Beatles. Noch heute bewahre ich einen reich bebilderten Bericht über die Dreharbeiten auf, den die Zuger Journalistin Helen Keiser für die Illustrierte 'Die Woche' geschrieben hatte. „Der Hauptdarsteller Peter O'Toole lernte in fünfmonatigem Training seine schöne Sherari–Dromedarstute so trefflich zu parieren, dass ihm heute seine Lehrmeister die Beduinen, nichts mehr vormachen", liest man da. David Lean duldete kein Double. Und noch ein Kuriosum: es ist vermutlich der einzige Spielfilm ohne Frauenrolle!

Die Sommertemperaturen in Aqaba sind beträchtlich. Um die 43 Schattengrade messen wir. Die Kinder möchten dennoch die Nacht hier am Roten Meer verbringen. Als ich ablehne, 'offerieren' sie mir grosszügig einen klimatisierten Bungalow im Aqaba–Hotel (in dessen gekühlten Räumen von rotgesichtigen Nordländern schon beim Mittagessen wacker gezecht wird). Vergebens. Wir verlassen Aqaba gegen Abend und fahren auf dem Desert Highway wieder nach Norden und damit wieder in Richtung Schweiz. Für mich ist das wie immer auf einer grossen Autotour ein Höhepunkt. Ich taste mich gerne heran an Ziele in der Ferne und geniesse dann ebenso die langsame, etappenweise Rückkehr mit der damit verbundenen Veränderung von Klima, Landschaft, Menschen und Häusern (ursprünglich plante ich eine Photoreportage über Toiletten–Variationen zwischen Vierwaldstättersee und Rotem Meer). Daher rührt auch meine Abneigung gegen schnelle Flugreisen, die mich an oberflächliches Fernseh–Infotainment erinnern. Ich gehöre zu denen, die reisen, um unterwegs zu sein, nicht um anzukommen.

Um Aqaba herum stehen Hunderte von Lastwagen und Sattelschleppern, die auf Fracht warten, dem Highway entlang Dutzende, die verunfallt oder ausgebrannt sind. Nicht alle der (offiziell) bis zu 55 Tonnen schweren Sattelzüge sind dem gefährlichen Gefälle nach Aqaba hinunter gewachsen. Einer unserer Buben ist Lastwagen–Freak. Er photographiert, was das Zeug hält: syrische Mercedes, irakische Macks, jordanische MAN, ausserdem eine Menge alter bis sehr alter Fahrzeuge, um die sich jedes Laster–Museum streiten würde.

Nach etwa 50 Kilometern verlassen wir die Hauptstrasse und fahren nach Osten ins Wadi Rum, parallel zu einer nach Aqaba führenden Nebenlinie der Hedschasbahn. Wir klappen den Anhänger neben dem Resthouse auf. Es wird von einem Ägypter geführt, der sich zu uns setzt — mit Kaffee und drei Freunden. Familiäre Lebensweise und Kontaktfreude sind im Nahen Osten Trumpf, für uns nüchterne Deutschschweizer gelegentlich auch eine Last. Ich unterhalte mich lange mit einem palästinensischen Chauffeur über die leidvolle Geschichte seines Landes, während die Kinder mit ein paar Jungen Fussball spielen. Gegen Abend reiten wir auf Kamelen zum nahegelegenen Nabatäertempel und beschliessen den Tag mit der Suche nach Sternbildern am prächtigen Wüstenhimmel.

Unweit des Resthouse liegt das Fort der Desert Police, deren Angehörige besser bekannt sind unter dem Namen 'Arabische Legionäre'. Diese Elitetruppe stand bis 1956 unter dem Befehl des legendären englischen Generals Glubb Pascha (noch schöner klingt: Lieutenant–General Sir John Bagot Glubb, KCB, CMG, DSO, OBE, MC). Nach Freya Stark (East is West, London 1945) trugen die Männer wegen ihrer Kleidung den Spitznamen 'Glubb Girls'. Wir werden von den Legionären zum Tee eingeladen. Sie zeigen uns ihre Kamele und erzählen von ihrer Arbeit im Kampf gegen Schmuggler. Dazu verladen sie die Tiere auf geländegängige Lastwagen, fahren damit in den Operationsraum, um dann per Kamel

dieser teilweise mitgetrunken wird, nicht zu.

Es ist ratsam, bei den Händlern mit Tabakspitzen auf den Straßen ein Mundstück für Nargileh billig zu kaufen. (*Nargilé aghyzlik warmy? Wer bana?*: Gib mir!). — Ebenfalls ist man in kleinen Städten der ehemals türkischen Balkanhalbinsel und in der Türkei selbst auf die primitiven **Garküchen** angewiesen, die sich meistens im Erdgeschoß eines Hauses befinden, in einem Raum, der entweder vorn an der Straße oder seitwärts im Innern angebracht ist, während in dem eigentlichen, ziemlich dunkeln Raum davor die Tische und Stühle stehen. Auf dem Herd schmoren in großen nebeneinanderstehenden Kesseln die verschiedenen Gerichte, meistens Fleisch mit Gemüse zusammengekocht. In Konstantinopel findet man diese Garküchen nur noch in Stambul.

Karawansereien (*Hane*), unsern Ausspannungen entsprechend, kommen für den Reisenden auf der Balkanhalbinsel überhaupt nicht mehr in Betracht, sondern nur noch in Kleinasien, wo sie in größern Ort und und an den Karawanenstraßen anzutreffen sind. Sie dienen zum Einstellen der Pferde, deren Wärter auch nächtigen. Der Europäer wird sie wegen des völligen Mangels an Komfort und wegen des massenhaften Ungeziefers nur im Notfall benutzen, kann sie aber auf Landtouren in entlegenern Gegenden oft doch nicht vermeiden, falls er nicht durch Empfehlung private Gastfreundschaft in Anspruch nehmen kann.

Bäder. In den größern Städten gibt es überall Badeanstalten; auch die bessern Gasthöfe haben Badezimmer, ebenso die großen Dampfschiffe. Für *Seebäder* ist meist schlecht gesorgt (Varna und Burgas haben guten Badestrand). Dagegen verdienen Empfehlung die *türkischen Bäder*, die man aber nur in den größern Städten, wie Konstantinopel, Brussa, Sofia etc., findet, wenn auch selbst hier nicht immer große Reinlichkeit herrscht.

Die Hauptunterschiede des russischen Bades vom türkischen sind folgende: die Temperatur des türkischen Bades ist geringer (ca. 30°), die Entwickelung der Wasserdämpfe, daher entsprechend schwächer, was wesentlich ist für die Erwärmung und Reinigung der Haut während des Bades. Ferner ist die Temperatur des türkischen Bades darum zuträglicher, weil sie der Körperwärme gleich ist und daher die Hauttätigkeit nicht von außen forciert wird. Auch die kalten Begießungen des russischen Bades kennt das türkische nicht, wie es überhaupt plötzliche Temperaturveränderungen, die nur rheumatische Affektionen erzeugen, streng vermeidet. Vielmehr legt die größte Bedeutung auf die mechanische Reizung der Haut durch Kneten, Drücken und Reiben zu einer tätigen Transpiration, und endlich ist auch die Reinigungsprozedur selbst durch Anwendung des tief in die Poren eindringenden Seifenschaumes viel intensiver und wirksamer. Übrigens ist das türkische Bad nur ein Ableger des römischen Bades durch Vermittelung des byzantinischen.

Man unternehme den Besuch (etwa 2 St. Zeit) womöglich nur mit orts- und sprachkundiger Führung! Man betritt das Bad (*hammám*) — vorausgesetzt, daß nicht etwa über der Haustür ein kleines Tuch als Zeichen aufgehängt ist, daß zurzeit Frauen baden — und gelangt zunächst in den großen, von einer Kuppel überdeckten Hauptraum, wo

man sich auf einer der an den Wänden stehenden Ruhebänke (*soffá*) auskleidet; dem Fremden ist hierzu vom Badediener ein besonderer Raum angewiesen; wenn nicht, sage man: *bir oda istiorum!* (Ich wünsche ein Zimmer!). Uhr, Geld und andre Wertsachen übergibt man dem Geldeinnehmer (*Tegiachdar*), doch empfiehlt es sich natürlich, größere Summen und Wertsachen gar nicht mit ins Bad zu nehmen. Ist man mit dem Auskleiden fertig, so schlingt man ein Tuch um die Hüften, wird von dem Diener (*tellák*, meist Armenier) mit Holzpantoffeln versehen und zunächst in einen mäßig erwärmten Mittelraum geführt. Hier verweile man einige Minuten und tritt sodann in den eigentlichen, von einer Kuppel erhellten Hauptraum, d. h. in das Schwitzbad (*haluk*). Hier wird nun, nachdem der Schweiß ausgebrochen ist, vom Badediener massiert; allzu energischen Manipulationen kann man mit dem Ruf *yjder?* (d. h. genug! Ich will nicht!) machen. Wer die Massage nicht wünscht (*istemém?* Ich will nicht!) begebe sich in einen der Nebenräume, die um den Hauptraum herum liegen, setze sich auf einen der Marmorsteine zu beiden Seiten eines Bassins und lasse sich vom Badediener mit einem Bastbündel oder einem Filzlappen mit Seifenschaum abreiben. Dann wird man mit Wasser von immer abnehmender Temperatur begossen, kehrt in das *haluk* zurück und verlangt ein Tuch (*bes*) als Zeichen, daß man den Schwitzraum zu verlassen wünscht; man erhält ein großes Laken um den Körper geschlagen und kehrt in den Hauptraum zurück, wo man sich auf dem *soffá* der Ruhe bis zu völliger Abkühlung überläßt. — Der Preis des Bades richtet sich den Europäer gegenüber nicht fest; beim Verlassen des Bades präsentiert der Inhaber desselben (*hammaumdschi*) einen Spiegel, auf den man 7–10 Pi. legt, womit das Bad bezahlt ist. Dem Badediener gibt man außerdem ein kleines Trinkgeld (1 Pi.). — Im Leben der *christlichen* Orientalen spielt die Reinlichkeit und daher auch die Bäder keine große Rolle, so daß es selbst in bessern Privathäusern oft an guter Waschgelegenheit fehlt. Nur in den Hauptstädten (Belgrad, Sofia, Bukarest) gibt es gute öffentliche Bäder, in kleinern Städten und auf dem Lande muß man sich meistens am Brunnen oder an der Quelle waschen, woran niemand den geringsten Anstoß nimmt.

In Verbindung mit der Frage der Reinlichkeit muß noch auf einen bedk- len, aber wichtigen Punkt hingewiesen werden, auf Art und Zustand der Aborte. Nur in den großen europäischen Hotels sind diese nach unserer Art (mit Sitzplatte) angelegt. Im übrigen findet man, selbst in modernen Restaurants, z. B. bei Jannt in Konstantinopel, nur eine etwas über dem Boden erhöhte Steinplatte (auf die man hinaufsteigt) mit oder ohne halbkreisförmige Öffnung, meist nur diese auf ebener Erde, weil der Orientale in solchen Fällen eine hockende Stellung einnimmt.

Das **öffentliche Leben** spielt sich im eigentlichen mohammedanischen Orient in höherm Grad als bei uns auf den Straßen ab (in Rumänien, Serbien und Bulgarien herrschen schon fast abendländische Verhältnisse). Alle Arbeit ist im Orient öffentlich; das Geschäft, wie außen heiße, gehört auf die Straße und den Markt. Am wenigsten charakteristisches bieten die großen Hafenstädte, in denen das orientalische Element zurückgedrängt erscheint; anders in Kon-

2*

Aus: Meyers Reisebücher, Balkanstaaten und Konstantinopel, Leipzig und Wien 1914

Arabischer Legionär im Wadi Rum

ihre Patrouillen durchzuführen. Die Tagesleistung beträgt durchschnittlich 50 Kilometer, bei Bedarf auch 70 bis 80. Eine Woche bis höchstens zehn Tage halten es die Tiere ohne Wasser aus, brauchen dann aber 50 bis 60 Liter. Ihre 'Reichweite' von rund 500 Kilometern hält einem Vergleich mit modernen Geländefahrzeugen durchaus stand.

Die entgegen ihrem alten Spitznamen überaus martialischen Legionärs–Gestalten in ihren langen braunen Mänteln und rotweissen Kopftüchern, mit Dolch, Patronengürtel und Revolver, sind stolz auf ihre Aufgabe, und zweifellos würden sie es bedauern, wenn es eines Tages keine Schmuggler mehr gäbe. Irgendwie lassen sie mich an den Untertitel 'Ten years of joyful service' denken, der mir aus einem der zahlreichen Bücher Glubbs noch in Erinnerung geblieben ist. Hunderte ihrer älteren Kollegen standen übrigens während der Dreharbeiten zum Lawrence–Film in den phantastischen Wüstenlandschaften des Wadi Rum im Einsatz.

Und jetzt ein Sprung ins aargauische Städtchen Bremgarten. 1982 verstarb dort im Alter von 97 Jahren der Zeichner und Kunstgewerbler Adolf Stäger–Mander, ein entfernter Verwandter von mir. In seinem Hause über der Reuss lernte ich 1964 seinen Schwager kennen, einen ehemaligen Obersten der britischen Armee. Er hatte im Ersten Weltkrieg die Feldzüge von Kairo über Jerusalem bis nach Damaskus mitgemacht und war dienstlich mehrmals mit dem eigenwilligen und immer im Beduinengewand auftretenden Lawrence zusammengekommen. Mit kräftiger Stimme hat mir der hochbetagte, hagere Colonel von jenen Zeiten erzählt. Wenn ich mich recht erinnere, ist er dabei 50 Jahre jünger geworden.

QASR AMRA : 'HAUS DER GEISTER'

Die 330 Kilometer von Wadi Rum nach Amman über den in der Hitze flimmernden Asphalt strengen an. Die Fahrt ist monoton, erfordert aber wegen der vielen Lastenzüge ständige Aufmerksamkeit. Als wir eine Pause einlegen, hält einer der Strassenkapitäne an und bringt uns einen Eisbrocken. Die Chauffeure kühlen damit die unter dem Wagen angebrachten Getränketruhen, so wie vor Jahren bei uns die Wirte ihre Bierkästen. Das Eis wird an Tankstellen verkauft.

Wir verbringen die Nacht wieder im wissenschaftlichen Institut in Amman (mit Waschmaschine!). Die Kinder dürfen das offiziell bereits geschlossene Schwimmbad eines nahegelegenen Hotels benützen. „Wenn sie sich anständig benehmen", wie der zuständige Angestellte mahnt. Sie benehmen sich anständig.

Wir haben uns im letzten Kapitel mit Lawrence of Arabia befasst. In diesem wird von seinem österreichischen Gegenstück Alois Musil (1868 – 1944), einem Verwandten des Dichters Robert Musil, die Rede sein. Man nannte ihn auch den 'österreichischen Lawrence of Arabia'. Der zünftige Orientalist Musil war darüber gar nicht glücklich, denn er hielt von Lawrence' Arabienkenntnissen nicht allzuviel. Deutlich machte er dies in einer Sendung von Radio Prag nach dem Tode von Lawrence im Jahre 1935. Ich zitiere aus der 1985 in Wien erschienenen Musil–Biographie von E. Feigl: „Niemals setzte er seinen Fuss in das eigentliche Arabien ... Mit den Arabern sprach er Englisch und mit der Hilfe von Übersetzern. Arabisch erlernte er nie richtig, wie seinen Büchern leicht zu entnehmen ist". Musil hatte es gründlich gelernt, bevor er sich 1895, als Priester und Doktor der Theologie, zum ersten Mal in den Orient aufmachte. Er betrieb Studien in Jerusalem und Beirut und benutzte jede Gelegenheit für ausgedehnte Forschungsreisen. Zu Kamel natürlich und sehr asketisch, sieht man von einigen Flaschen Champagner ab, für den er eine besondere Vorliebe gehabt hatte. 1898 führten ihn Beduinen in der Wüste, knappe 100 km östlich von Amman, zum 'Haus der Geister', wie sie Qasr Amra nannten. Erstaunt entdeckte er an den Wänden des Gebäudes Bilder und begann sie gewissenhaft zu photographieren, als er und seine Begleiter vor angreifenden Räubern die Flucht ergreifen mussten. Sein Bericht über die sensationelle Entdeckung wurde in Wien von der Kaiserlichen Akademie der Wissenschaften vorerst schlicht für unwahr gehalten: ein Schloss in der Wüste mit bunten Abbildungen von Menschen, Nackedeis inklusive, war wenig vereinbar mit dem Islam.

Qasr Amra: Jagdschlösschen der Omayyaden

Heute ist Qasr Amra von Amman aus bequem zu besuchen. Wir wählen die nördliche Route über Zerqa. Der Name dieser Stadt ging 1970 um die Welt. Palästinenser hatten drei Flugzeuge entführt, darunter eine DC–8 der Swissair, und sie zu einer heiklen nächtlichen Landung auf einem Wüstenplateau zwischen Zerqa und Mafraq gezwungen. „Nochmals tauchten die Lichter in der Wüste auf ...

Kapitän Schreiber umflog den Platz, um die Wind– und Lande-
richtung festzustellen ... Die Landescheinwerfer warfen ihre Licht-
kegel auf die dunkle Piste ... Kapitän Schreiber schätzte die Länge
der Piste auf zwei bis drei Kilometer, die Breite auf etwa 40 Meter.
Er traf alle Vorbereitungen für die Landung, zog die Maschine wieder hoch und wendete sie in die Anflugrichtung. Jetzt kam der kriti-
sche Augenblick. Das Flugzeug sank auf 200, 100, 50 Fuss und
setzte dann hart auf dem Boden auf. Kopilot Jerosch liess den Schub
der Triebwerke umkehren, und Kapitän Schreiber bremste die Rä-
der. In eine dichte Sandwolke gehüllt, kam die Maschine zum Stehen" (aus: W. Jost, Rufzeichen: HAIFA, Zürich 1972).

Einer, der die dramatischen Tage als naher Zuschauer miterlebt
und die freigelassenen TWA–Passagiere nach Zypern ausgeflogen
hat, ist der ehemalige Balair–Direktor Kurt Herzog. Während eines
Aufenthaltes in seinem prächtig gelegenen, von ihm und seiner Familie ausgebauten und geführten Hotel „Villa Margherita" in Bosco
Luganese sind wir abends in der Bar auf jene Ereignisse zu sprechen gekommen. „Wir flogen damals im Auftrage des Eidgenössi-
schen Politischen Departementes mit zwei DC–6 Nahrungsmittel
nach Amman", erinnerte sich Herzog. „Es war eine Goodwill–Akti-
on, um die Beziehungen zwischen der Schweiz und den arabischen
Ländern zu verbessern. Da ich mit Kapitän Fritz Schreiber befreundet war, schloss ich mich einer Kolonne des IKRK an. Bis auf einen
Kilometer kamen wir an die gekaperten Flugzeuge heran, wurden
dann aber von jordanischen Soldaten, die den Platz umstellt hatten,
zurückgewiesen. Wir logierten im Intercontinental Hotel in Amman.
Immer wieder waren Schüsse zu hören." Die Schüsse waren der
Auftakt zum blutigen Machtkampf zwischen der PLO und Husseins
Beduinentruppen, der 1971 mit der Vertreibung der palästinensischen Guerillas aus Jordanien endete. Der Kriegsbeginn ging unter
dem Namen 'Schwarzer September' in die Geschichte ein.

Doch zurück zu unserem Schloss in der Wüste. Eine Einzäunung
schützt heute Qasr Amra vor ungenierten Besuchern, die seine Räume früher für Picknicks und Grillparties missbraucht haben. Der

Wärter wohnt in einem kleinen Haus in der Nähe. Da ein kräftiger Wind weht, bleibt er in seinen vier Wänden und gibt uns die Schlüssel für Tor und Toilette. Wir betreten den aussen schmucklosen Bau mit den Tonnengewölben. Die Augen gewöhnen sich nach dem gleissenden Wüstenlicht nur allmählich an das Halbdunkel. Ausserdem sind viele der Fresken schlecht erhalten. Der Erbauer des Jagdschlösschens, der Omayyaden–Khalif Walid I. (705 – 715), ist im Mittelschiff dargestellt, zusammen mit den Herrschern von Byzanz, Persien, Abessinien und dem Gothenkönig Roderich. Weiter gibt es Jagdszenen, Bilder aus Handwerkerbuden, astronomische Darstellungen und einige üppige nackte Damen. Letztere sind im Badetrakt zu finden, der nach römischer Sitte über Fussbodenheizung und getrennte Räume für kalte, warme und heisse Bäder verfügte. (Das 'türkische Bad' ist keine türkische Erfindung, sondern ein Erbstück aus der Antike!).

Man wird sich fragen, wieso solche Bilder in der islamischen Umgebung überleben konnten. Wohl aus zwei Gründen. Erstens lag der Bau abseits der Zivilisation und damit des Einflussbereichs von weltlicher und religiöser Macht. Zweitens scheint man während Jahrhunderten Respekt oder sogar Angst vor dem 'Haus der Geister' gehabt zu haben. Vermutlich änderte sich dies, als Lawrence of Arabia mit seinen Leuten „in the cool dusk of its hall" Ruhe suchte und damit dessen Harmlosigkeit bewies.

Besucher von heute erholen sich im Wärterhaus. Wir bringen die Schlüssel zurück und setzen uns den Wänden entlang auf den mit Teppichen belegten Boden. Der Wärter hat unterdessen Tee gebraut, und während wir das heisse Getränk schlürfen, verkürzen wir ihm die Zeit, indem wir uns gegenseitig die Familienverhältnisse schildern. Kinder geben immer Gesprächsstoff.

UMM QAIS: THEATER MIT KOPFLOSER DAME

Es ist abends sechs Uhr. Ratlos, müde und hungrig (ich habe Freunde, die sagen, nur in dieser Stimmung dürfe man Entscheide von grosser Tragweite fällen) stehen wir auf der alten Römerstrasse herum, über die wir zu den Ruinen des antiken Gadara hinaufgefahren sind. Irgendeines der Häuser muss das Bait Melkawi sein, ein mit deutscher Hilfe restauriertes spätosmanisches Gebäude, das den hier arbeitenden Archäologen als Basis dient. Wir haben eine arabisch geschriebene Ermächtigung, die uns erlaubt, auf dessen Gelände zu übernachten. Mit einem unserer Buben mache ich mich auf die Suche, klopfe erfolglos an viele Türen, bis endlich ein junger Mann Bescheid weiss. Wir hätten nicht die Römerstrasse benützen sollen, sondern eine steile Auffahrt auf der andern Seite der Hügelkuppe.

Abu Fayiz heisst der Herr des Grabungshauses: eine würdige Gestalt im langen Gewand, barfuss, mit weissem Schnurrbart und Haar. Als wir den Zeltanhänger aufklappen wollen, schlägt er uns vor, im seinem Haus zu übernachten. Er zeigt uns einen grossen, hohen Raum, dessen Decke aus Balken, Ästen und einer Lehmschicht besteht. In einer Ecke sind Matratzen gestapelt. Sauberes, kühles Wasser holt er mit Seil und Kessel aus einem zehn Meter tiefen Brunnen, der aus spätrömischer Zeit stammen soll.

Nach Suppe und Spiegeleiern setzen wir uns in den luftigen Torgang, hoch oben das spärliche Licht einer schwachen Glühbirne. Abu Fayiz bringt Tee und Süssigkeiten. Er spricht nur Arabisch. „In meiner Jugend war es mir nicht möglich, höhere Schulen zu besuchen", entschuldigt er sich. „Dafür haben meine beiden Söhne studiert. Der eine ist Ingenieur in Damaskus, der andere Professor für persische Literatur in Abu Dhabi." Er selber sei, wie er schmunzelnd hinzufügt, „Bauer–Ingenieur". Von Oliven und Trauben verstehe er eine Menge. Nach dem Tee in Karl–May–Atmosphäre machen wir einen kurzen nächtlichen Spaziergang durch das Ruinenfeld. In der Ferne sind die Lichter von israelischen Siedlungen auszumachen. Die Scheinwerfer ihrer patrouillierenden Fahrzeuge fingern durch das Dunkel.

Umm Qais: Wasser aus dem römischen Brunnen

Wir können lange nicht einschlafen: In unserem lichtlosen osmanischen Schlafraum bleibt es bis zum Morgen warm und feucht, vermutlich wegen des nahen See Genezareth. Die Kinder rumoren mit ihren Taschenlampen wie Schüler am ersten Abend in einem Skilager. Abu Fayiz taufen sie um in 'feisser Abu'.

Einzigartige Lage

Umm Qais' Lage ist einzigartig: der Ort befindet sich in der Nordwestecke Jordaniens, rund 600 m über dem 212 m unter dem Meeresspiegel liegenden See Genezareth und dem Jordantal. Jenseits erheben sich die Hügel Galiläas, zu unseren Füssen blicken wir in die canyonartige Yarmuk–Schlucht, durch die einst die 1905 eröffnete Eisenbahn in zehn Stunden von Haifa nach Damaskus

Haifa — Samakh -- Deraa — Damascus
and Vice Versa.

Stations	Tues Thurs. & Saturday No. 23	Stations	Tues. Thurs. & Saturday No. 26
El Kantara E dep	2335	Damascus . dep	0813
Jaffa . . . "	0605	Kadam . . "	0825
Haifa . . . "	1000	Kiswi . . . "	0906
		Deir Ali . . "	0924
		Mismie . . "	1004
Samakh { arr	1240	Jebab . . . "	1024
Samakh { dep	1300	Khabab . . "	1038
El Hamme . "	1316	Mehadje . . "	1054
Wadi Khaled "	1339	Ezra . . . "	1120
Shajara . . "	1403	Ghazale . . "	1150
Makaren . "	1415	Deraa . . . arr	1220
Zeizoun . . "	1449	Change at Deraa for Amman and Maan	
Mzerib . . "	1522	Deraa dep	1630
Deraa . . . arr	1543	Amman arr	1945*
Change at Deraa for Amman and Maar		Maan "	1600**
Deraa dep	1630	Deraa . . . dep	1245
Amman arr	1945*	Mzerib . . "	1306
Maan "	1600**	Zeizoun . . "	1341
Deraa . . . dep	1605	Makaren . . "	1414
Ghazale . . "	1636	Shajara . . "	1424
Ezra . . . "	1708	Wadi Khaled "	1448
Mehadje . . "	1731	El Hamme . "	1512
Khabab . . "	1747	Samakh { arr	1529
Jebab . . . "	1759	Samakh { dep	1547
Mismie . . "	1822	Haifa . . . arr	1830
Deir Ali . . "	1858	Daily	
Kiswi . . . "	1916	Haifa dep	0830
Kadam . . "	1953	Jaffa arr	1135
Damascus . arr	2002	Gaza "	1230
		Jerusalem "	1300
		El Kantara E "	1730

* Tuesday, Thursday and Saturday

** Wednesday.

Aus dem Fahrplan der 'Palestine Railways', 1934

82

dampfte. Dort, wo sie den Jordan auf einer 60 m langen Brücke überquerte, erreichte sie mit 249 m unter Meer den tiefstgelegenen Punkt aller Eisenbahnen unserer Welt. 1946 sprengten israelische Kommandos die Brücken über den Yarmuk und legten damit die Linie lahm. Der Yarmuk bildet heute die Grenze zu den von Israel besetzten, einst syrischen Golanhöhen. Syrische, jordanische und israelische Soldaten leben in Sichtweite, und dennoch — oder gerade deswegen — gehört die Gegend zu den ruhigen nahöstlichen Gebieten.

In hellenistischer Zeit war die Stadt Gadara, wie Umm Qais damals hiess, ein bedeutendes Zentrum griechischer Kultur. Hier wurde im dritten vorchristlichen Jahrhundert der kynische Philosoph Menippos geboren, später der Epigrammdichter Meleager (etwa 140 – 70 v. Chr.), beide 'Jordanier' mit grosser Nachwirkung. Der römische Feldherr Pompeius nahm die Stadt 63 v. Chr. ein und machte sie zu einem Glied der Dekapolis, eines Bundes von zehn Städten, dem u.a. Damaskus und Philadelphia (Amman) angehörten. In christlicher Zeit war der Ort Bischofssitz. Bekannt sind seit dem Altertum die nach Schwefel riechenden heissen Quellen, die in der Tiefe am Yarmuk entspringen und auch heute noch zu Heilzwecken aufgesucht werden. Bis in unser Jahrhundert betrachteten die Beduinen den Badeplatz als neutrales Gebiet.

Vom alten Gadara ist (noch) wenig zu sehen. Ein Theater beeindruckt mit seinen schwarzen Basaltsteinen und der 'kopflosen Dame', einer Statue in den Zuschauerrängen; ausserdem Kolonnaden, ein unterirdisches Mausoleum und die erwähnte, sehr gute erhaltene Römerstrasse. Das German Protestant Institute for Archeology in Amman führt unter der Leitung von Dr. Thomas Weber seit einigen Jahren in Zusammenarbeit mit dem jordanischen Department of Antiquities Grabungsarbeiten durch. Man darf mit Grund auf interessante Ergebnisse hoffen.

Von Umm Qais fahren wir über Irbid und Ramtha zur jordanisch–syrischen Grenze. Meine Frau besorgt die Passformalitäten. Im

Umm Qais: Säulen aus dunkelgrauem Basalt

Gedränge haben Frauen Vortritt, Männer müssen ihre Ellbogen gebrauchen, was wiederum an Ausländern nicht geschätzt wird.

Diesmal engagieren wir auf der syrischen Seite einen 'Help'. Ich kontrolliere die diversen, arabisch geschriebenen Quittungen und stelle fest, dass unser 'Helfer' da und dort aufgerundet hat. Da er sich hartnäckig zeigt, wird er von einem Offizier handgreiflich aus dem Büro befördert. Schliesslich einigen wir uns auf zehn Dollar, die er mit einem herzlichen Lachen entgegennimmt. Erfrischendes nahöstliches Basargeplänkel in Reinkultur, bei dem hinterher beide Seiten zufrieden sind! Nach knappen drei Stunden können wir unsere Fahrt nach Damaskus fortsetzen. Vor der syrischen Hauptstadt wechselt meine Frau ans Steuer. Sie fährt brillant und mit Vergnügen durch das dichteste Verkehrsgewühl sämtlicher Millionenstädte, hingegen steht sie mit Stadtplänen auf Kriegsfuss. So spiele ich den Lotsen bis zu dem im Norden gelegenen Campingplatz.

ALEPPO: 'MORD IM ORIENTEXPRESS'

An den östlichen Ausläufern des Antilibanon, etwa 60 Kilometer nördlich von Damaskus, liegt das griechisch–katholische Dorf Ma`lula. Terrassenförmig kleben die Häuser an steilen Felsen. Das Besondere an dem in 1'500 m Höhe gelegenen Ma`lula ist seine Sprache. Hier und in zwei anderen Dörfern des Antilibanon hat sich das Aramäische noch halten können. Es war im 1. Jahrtausend v. Chr. Verkehrssprache im ganzen Nahen Osten, im altpersischen Reich sogar offizielle Verwaltungssprache und zur Zeit Christi die Umgangssprache in Palästina. Im hoch über dem Dorf thronenden, einst nur durch eine schmale Schlucht zugänglichen Kloster Mar Sarkis kann man sich ab Tonband das Vaterunser in Aramäisch anhören und den schon im alten Baedeker als vortrefflich bezeichneten Rotwein versuchen.

Ma`lula: hier wird noch aramäisch gesprochen

Von Ma'lula kehren wir zur Autobahn zurück und fahren nach Norden, Richtung Aleppo. In der Stadt Hama machen wir einen Spaziergang durch die Parkanlagen mit den riesigen knarrenden Norias, hölzernen Rädern mit bis zu 20 Meter Durchmesser, die Tag und Nacht Wasser aus dem Orontes schöpfen.

Hama: ächzende Wasserräder am Orontes

Das nordsyrische Aleppo gehört zu den ältesten Städten der Welt (es soll in diesem Buch das letzte Mal sein, dass ich diese Wendung gebrauche). Schon im frühen zweiten vorchristlichen Jahrtausend finden wir es als Halap in hethitischen Texten. Solche und viele weitere bedeutende Zeugnisse aus dem nordsyrischen Kulturkreis, vor allem aus vorhellenistischer Zeit, sind im ebenso besuchenswerten wie besucherlosen Museum ausgestellt. Liebenswürdigerweise führt uns der Kustos gleich selbst durch die Sammlungen, die ein zivil gekleideter Wächter mit einem vorn in den Gurt gesteckten Revolver behütet.

Unzählige kriegerische Zerstörungen hat die Stadt durchlitten, und die Liste der Eroberer liest sich wie ein historisches Who's who. Wir wollen uns geschichtlich aber auf das 20. Jahrhundert beschränken, genau genommen auf ein Hotel mit dem schönen Namen BARON'S.

Es gehört zu jenen Hotels, die alt und schadhaft geworden sind, aber dennoch ihre innere Würde wie eine bejahrte Persönlichkeit bewahrt haben. Der heutige Pächter, Armen Mazloumian, behauptet, das Hotel sei der Atem seines Vaters. Dieser war noch Besitzer gewesen. Doch dann kamen die „Ereignisse", womit in Syrien levantinisch–sibyllinisch die innenpoltischen Umwälzungen der letzten Jahrzehnte bezeichnet werden. Üblicherweise fügt man noch ein Lob auf Präsident Asad hinzu.

Gang im BARON'S in Aleppo

Das BARON'S wurde 1911 am Stadtrand , mit Blick in die Baumgärten am Fluss Kuwek entlang, eröffnet. Heute verliert es sich im

Häusermeer der mit über einer Million Einwohnern zweitgrössten Stadt Syriens. Seinen Namen verdankt es dem Umstand, dass die früher durchwegs armenischen Mitarbeiter ihren Patron, der vor dem Neubau ein Hotel in der Altstadt führte, mit 'Baron' ansprachen.

Im BARON'S verbindet sich Geschichte mit Geschichten. Einige von ihnen sind im schönen Bildband 'Hotels' von Gabriele M. Walther (Köln 1990) festgehalten. So übernachtete 1914 Lawrence of Arabia hier und bezahlte als strikter Antialkoholiker eine Flasche Champagner, die ihm irrtümlich auf die — noch erhaltene — Rechnung gesetzt worden war. Kemal Atatürk, der Schöpfer der modernen Türkei, bewohnte die einzige Suite. Agatha Christie soll ihren Roman 'Murder on the Orient Express' auf der sonnigen Terrasse geschrieben haben: Aleppo wurde 1912 über eine Zweigbahn an das Netz der Bagdadbahn angeschlossen, die zusammen mit der Anatolischen Eisenbahn die Fortsetzung des Orientexpress bildete. Die Krimi–Autorin pflegte sowohl ihren ersten Gatten, den Nachrichtendienst–Obersten Christie, wie auch ihren zweiten, den Archäologen Mallowan, auf deren häufigen beruflichen Fahrten in den Vorderen Orient zu begleiten.

Aus einem Prospekt der C.I.W.L. von 1938
(u.a. in: J. des Cars, J.–P. Caracalla, L'Orient–Express, Paris, 1984)

"Der Koch blieb zu Hause"

Der Koch blieb zu Hause

Wir lassen unseren Camper auf dem Parkplatz des Tourist Office stehen, um das erste und letzte Mal auf unserer Fahrt in einem Hotel zu übernachten. Wir befolgen damit den Rat eines befreundeten Nahostkorrespondenten: „Benützt die Gelegenheit! Man weiss nicht, wie lange das BARON'S noch existiert!" Über dem Türbogen ist zweischriftig die Zahl 1911 zu lesen. Ausser unserer sechsköpfigen Familie sind nur wenige Gäste da, meist Habitués aus aller Welt. Gänge und Räume sind hoch und luftig, wie es der damaligen Bauweise ohne Klimaanlage entsprach, an den hellblauen Zimmerwänden klobige elektrische Installationen, ein hoher brauner Schrank, ächzende Betten. Die Bar ist knapp bestückt, Ledersessel und Hokker stammen aus besseren Zeiten. Der alte Kellner schiebt sich gemächlich und würdevoll heran und fragt französisch nach unseren Wünschen. Bier gibt es nicht, aber Gin, Whisky und Limonade.

Nach dem Apéro wechseln wir hinüber in den holzgetäfelten Speisesaal. Zwei, drei Tische sind gedeckt, grossflüglige Propeller drehen sich über unseren Köpfen und kämpfen gegen die Sommerhitze an. Wir sind hungrig und freuen uns auf das Nachtessen in nostalgischem Rahmen. Die Kinder studieren die Speisekarte, machen ihre Sprüche und lachen plötzlich schallend. Da ich nicht zugehört habe, frage ich nach dem Grund. Es ist ein kerniger Spruch mit nicht ganz einwandfreiem Reim, den die Buben von ihrem Grossvater gelernt haben: „Lieber im Ranzen einen Darm versprengt, als dem Wirt einen Rappen geschenkt!" Nun, sie werden der Mühe enthoben, dem Wirt keinen Rappen zu schenken: nach einer langen halben Stunde kommt der Barmann an unseren Tisch und meldet mit gedämpfter Stimme und ohne eine Miene zu verziehen, dass der Koch heute nicht gekommen sei und es deshalb nichts zu essen gebe. „Voilà!"

Irgendwie erinnert er mich an Jean Gabin. Ich kann ihm nicht böse sein. Den Kinder geht die Filmromantik ab; sie haben einen Mordshunger und sind schlagartig verstimmt. So trotten wir zum Tourist–Office zurück und öffnen einige Büchsen aus dem Notvorrat. Heisse Würste und knusperige Rösti, nicht eben landestypisch, stellen den inneren Frieden wieder her. Der lärmende, dichte Verkehr, der uns Esser auf den Feldstühlen umbrandet, vermag ihm keinen Abbruch zu tun. Den Schlummerbecher trinke ich stehend bei 'Bruno Diesel', welcher hinter uns geparkt hat. Es ist ein brauner Diesel–Camper, der einer österreichischen Familie gehört und von den Kindern — wie alle fremden Camper — seinen Übernamen bekommen hat. 'Bruno Diesel' ist das Bier ausgegangen. Freundnachbarlich helfe ich mit einem kühlen 'Feldschlösschen' aus.

"Freundnachbarlich helfe ich mit einem kühlen 'Feldschlösschen' aus."

SIMEON DER SÄULENHEILIGE

„Meine Haare sind klatschnass, schau' mal!" begrüsst mich die
Jüngste am Morgen und legt meine Hand auf ihren Kopf. „Eine
Affenhitze war das im Zimmer, wir gingen immer Wasser trinken."
Und ihre Schwester ergänzt: „Schon um vier waren wir wach. Wir
meinten, es sei bereits sieben Uhr. Da haben die Buben auf die Uhr
geschaut und gesagt, wir müssten alle nochmals einschlafen."

Das Frühstück ist reichhaltig. Offenbar ist der Koch wieder auf-
getaucht. Die Rechnung enthält wegen des muslimischen Bayram–
Festes einen happigen Aufschlag. Eine duftende Jasminblüte, zusammen mit der Quittung lächelnd überreicht, hilft darüber hinweg.
Jeder mit einem Gepäckstück beladen, marschieren wir zum Parkplatz beim Tourist Office. 'Bruno Diesel' ist bereits abgereist. Wir
verlassen Aleppo auf der westlichen Ausfallstrasse und biegen nach
ungefähr 40 km nach Norden ab zum Qal`at Sim`an, dem Simeonskloster. Die Fahrt durch die Dörfer auf den engen, kurvenreichen
Strassen ist für mich mit der unguten Erinnerung an den im Anhang
geschilderten Autounfall verbunden.

Im Norden Syriens gibt es Hunderte von sogenannten Toten Städten. Historisch bedingt, gebraucht man meist die französische Bezeichnung 'villes mortes'. Es handelt sich um die Überreste von
kleinen Dörfern, Landhäusern, Kirchen und Klöstern aus dem 4. bis
6. Jahrhundert, also aus der frühen christlichen Zeit. Die einst mächtigen Gebäude setzten Reichtum voraus. Man nimmt heute an, dass
die Gegend von Grossgrundbesitzern bewohnt war, die vor allem
Oliven und Feigen produzierten. Mit dem Einfall der Perser
(Sassaniden) und Araber im 7. Jahrhundert scheint die Gegend ihre
Exportmöglichkeiten nach Westen verloren zu haben, worauf sie
verarmte und eben zum Landstrich der 'villes mortes' wurde. Noch
der Baedeker 'Palästina und Syrien' von 1910 mahnt: „Der Reisen-
de ohne Dragoman vergewissere sich, ob sein Mukâri die Wege kennt.

Simeonskloster: Säulenstumpf im Oktogon

Die Sicherheit lässt bisweilen zu wünschen übrig, da ein grosser Teil von Nordsyrien nur von kurdischen und turkomanischen Wanderstämmen bewohnt wird ... Unterkunft nur in Zelten; Mundvorrat ist mitzubringen."

Besonders eindrucksvoll sind die Ruinen des Simeonsklosters. Der Stylit oder Säulenheilige Simeon lebte von 391 – 459. Je nach Überlieferung soll er 27 oder gar 42 Jahre auf einer hohen Säule gelebt haben, predigend und fastend. Der kleine Stumpf, den die Verehrer übriggelassen haben (die Säule galt als wundertätig) steht im Zentrum der Überreste der Kirche, der ein „Ehrenplatz unter den grossen Denkmälern altchristlicher Kunst gebührt" (Baedeker). Drei Baustile sind darin vereinigt: in der Mitte ein achteckiger Zentralraum, darum herum vier gleich lange, dreischiffige Basiliken, die zusammen mit dem Oktogon eine Kreuzkirche bilden. Für die Archäologen äusserst hilfreich ist eine exakte Beschreibung des Baues durch den Kirchenhistoriker Evagrius, der den Ort um 560 besuchte.

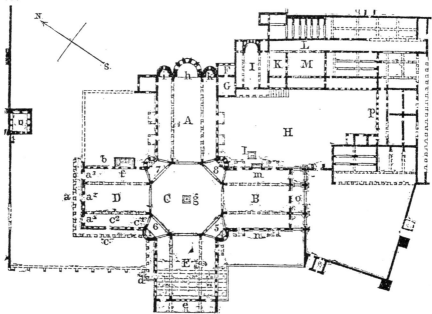

Grundriss der Simeonskirche (Baedeker Palästina und Syrien, Leibzig 1910)

Vom Simeonskloster aus führt eine Strasse nach Norden zum Grenzort A`zaz. Nach der kargen Landschaft der 'villes mortes' sticht die Fruchtbarkeit ins Auge: Sonnenblumen, Tabak, Auberginen, Granatäpfel, Getreide, tuckernde Diesel–Wasserpumpen, Leute auf den Feldern, da und dort von Ochsen gezogene hölzerne Dreschschlitten, die monoton ihre Kreise drehen. Die Grenzformalitäten werden freundlich bis familiär erledigt: der Chef füttert die Kinder mit Bonbons und meine Frau mit Nüsschen (für mich interessiert sich niemand), man tauscht in diesem Büro einige Nettigkeiten aus über Syrien und die Schweiz und macht in jenem ein Schwätzchen über die Technik des Klappanhängers. Speditiv und zuvorkommend zeigt sich auch die türkische Seite, und nach knapp eineinhalb Stunden können wir uns auf den gut 4'000 Kilometer langen Heimweg machen.

HEIMFAHRT IN DIE SCHWEIZ

Stacheldraht, Wachttürme, Schlagbäume und ein wahres Netz von kleinen Festungen sichern das Grenzgebiet und rufen uns das Kurdenproblem in der Südosttürkei in Erinnerung. Bei Gaziantep biegen wir nach Westen ab. Die sehr gut ausgebaute Strasse führt über zwei Pässe mit prächtigen Ausblicken. Weniger prächtig ist der dichte Lastwagenverkehr. Photographisch wird der 100'000. Kilometer auf unserem Zähler festgehalten. Ein verunfallter Tankwagen verursacht einen längeren Stau, so dass wir erst nachts in Adana eintreffen. In der Einfahrt des Campingplatzes versagt zum zweiten Mal der Anlasser. Dass er das nicht vorher, während der nächtlichen Fahrt, getan hat, finden wir äusserst fair. Wir gönnen uns zwei Ruhetage und feiern auf dem Campingplatz den 1. August. Lampions und Fähnchen haben wir vorsorglich aus der Schweiz mitgenommen. Der Anlasser wird repariert (selbstverständlich mit Tee in der Werkstatt), ein Grosseinkauf gemacht, dazwischen viel geschwommen. Die Kinder werfen mich — mit meiner freundlichen Einwilligung — ins Wasser und behaupten kühn, ich sei schwer wie ein Nilpferd. Die Mutter wird verschont, muss aber dafür drei Kopfsprünge vorführen. Ärgerlich ist, dass einige westeuropäische Touristen, schmutzig wie Ferkel, das Schwimmbad mit der Wanne verwechseln.

Bei Tarsus verlassen wir die feuchtheisse Küstenebene und durchqueren, wie auf der Hinfahrt, das Taurusgebirge über die 'Kilikische Pforte'. Nach einer angenehm kühlen Nacht im kappadokischen Aksaray fahren wir durch die einst dicht bewaldete, heute öde inneranatolische Hochebene mit ihren Steppen und dem Tuz Gölü, einem riesigen, rot–violett schimmernden Salzsee. Grün zeigt sich dann unser nächster Übernachtungsplatz in der gebirgigen Landschaft um Bolu nördlich von Ankara: inmitten von Nadelwäldern sind in den letzten Jahren Wintersportorte entstanden.

In den asiatischen Vororten von Istanbul wird der Mittagsverkehr zum Alptraum. Eingeklemmt zwischen Tausenden von Fahrzeugen schieben wir uns durch Lärm, Hitze und Abgaswolken dem Bosporus zu, den wir 64 Meter über dem Wasserspiegel auf der imposanten neuerstellten nördlichen Hängebrücke überqueren. Die Buben wollen den Übergang filmen und photographieren, verdecken sich dabei gegenseitig die Sicht und schreien sich an. Die Aufnahmen sind entsprechend geworden.

Da wir Bulgarien umfahren wollen, bleiben wir auf der Strasse, die dem Marmara–Meer entlang führt, und verbringen die Nacht in der Nähe von Tekirdag. Fast unglaublich mutet es an, dass nur wenige Kilometer nördlich im Februar des Jahres 1929 der Orientexpress in meterhohen Scheemassen begraben wurde und während sieben Tagen und Nächten für die übrige Welt buchstäblich verschwunden blieb.

Zufällig entdecken wir am Abend, weshalb unser Abwaschmittel so schnell zu Ende geht: die Mädchen pflegen sich einen Spass daraus zu machen, im Trog 'Bier' in Mengen zu produzieren!

Die Wegweiser beim Übergang von der Türkei nach Griechenland — zwei sich nicht eben freundlich gesinnte Nato–Partner — zeigen ein Stück Geschichte: 'Istanbul' steht auf den türkischen Schildern, 'Konstantinopel' auf den griechischen. Kaiser Konstantin machte 330 Byzanz zum 'neuen, christlichen Rom', das später den Namen Constantinopolis annahm. Auch der Name 'Istanbul' kommt aus dem Griechischen, nämlich von „eis ten polin", d. h. „in die (Haupt)Stadt". Senkrechte Muslime akzeptieren diese 'westliche' Deutung aber nicht und leiten es (fälschlicherweise) von 'Islambul – Stadt des Islam' ab. Launen der Geschichte auch in Saloniki, das erst 1912 zu Griechenland kam: hier wurde 1881 Mustafa Kemal geboren, der später Kemal Atatürk heissen und zum Gründer des modernen türkischen Staates werden sollte. Der türkische Besieger Griechenlands in den Auseinandersetzungen von 1920 – 1923 stammte also aus heute griechischem Gebiet! Zur Zeit wiederum wehrt sich Griechenland heftig gegen die Anerkennung eines aus der ehemaligen jugoslawischen Teilrepublik entstandenen Mazedonien, weil es Angst hat vor möglichen Expansionsgelüsten nach Süden bis Saloniki.

Die Haghia Sophia in Istanbul: Kreuz und Halbmond zwischen Asien und Europa

Nachzutragen ist hier ein von mir geschaffener Ausspruch. In der thrakischen Stadt Alexandroupolis fährt unverhofft ein Velofahrer aus einer Nebenstrasse vor unseren Wagen. Vollbremsung, der Geschirrkasten öffnet sich, Gläser splittern, zwei, drei Beulen an Köpfen. Wütend brülle ich zum Schuldigen durchs offene Fenster hinaus: „A ... !" Und fünf Sekunden später folgt die seither in unserer Familie klassisch gewordene Ergänzung: „Griechisches!"

Die Fahrt durch Jugoslawien (der Zerfall hatte noch nicht begonnen) erfordert grösste Aufmerksamkeit. Abertausende von türkischen Familien kehren mit hochbeladenen Autos zu ihren Arbeitsplätzen in Mitteleuropa zurück. Viele fahren Tag und Nacht durch. Unfälle sind deshalb nicht selten. In Zagreb entscheiden wir uns mit vier gegen zwei Stimmen für die Route über Maribor und Öster-

reich. Wir geniessen die perfekte Infrastruktur, die sauberen sanitä-
ren Anlagen und die angenehmen Temperaturen, werden nachdenklich ob der Läden mit den vielen unnützen Dingen und ärgern uns
im Engadin nach der letzten Übernachtung über die Unfreundlich-
keit des Platzwartes. Auch in der Schweiz ist das Glück nicht voll-
kommen.

Auf dem Flüela–Pass lagern Nebelschwaden, es beginnt zu reg-
nen. Was für ein Vergnügen nach der sengenden nahöstlichen Sonne!

NAHOSTFAHRT 1964
NOTIZEN NACH DEM TAGEBUCH

(wörtliche Zitate sind kursiv gesetzt)

*„Was also wollen wir hier eigentlich? Es ist der
Lockruf der Jugend — das Abenteuer, und das
Abenteuer um seiner selbst willen. Man mag es
Narrheit nennen. Eine Reise von Tausenden von
Meilen mit mühsam zusammengekratzten Geldern
zu machen und früh um vier Uhr aufzustehen mit
der Hoffnung, in Gesellschaft völlig fremder
Menschen in eine böse Klemme zu geraten, kann
gewiss nicht als vernünftiges Tun angesprochen
werden." Churchill, My Early Life*

Von der Schweiz nach dem südtürkischen Adana

Ob Karl May oder die damalige Zeit oder jugendliche Abenteu-
erlust daran schuld war: jedenfalls lieh mir freundlicherweise ein
Cousin seine Browning–Pistole. Wir versteckten sie und die Schach-
tel mit den Patronen in der Lebensmittelkiste, unter Zucker und
Teigwaren. Sie sollten uns noch viele angstvolle Stunden an Grenz-
übergängen und militärischen Kontrollpunkten kosten!

Das erste Mal am jugoslawischen Zoll: die Beamten werden
misstrauisch, weil drei Studenten — bis Istanbul reiste mein damals
18jähriger Bruder mit — in einem Mercedes unterwegs sind (allerdings Jahrgang 1958, mit 100'000 km auf dem Zähler). Sie vermu-
ten in uns Uhrenschmuggler und beginnen systematisch zu suchen.
Wände werden abgeklopft, Sitze herausgenommen, Koffer und Taschen durchwühlt. Ergebnislos. Reichlich nervös geworden, die
Hände schweissnass (rückblickend kommt mir immer Peter Ustinov
im eben in jenem Jahr 1964 gedrehten Film 'Topkapi' in den Sinn),
dürfen wir endlich losfahren: Zagreb, Belgrad, *Übernachtung nach
800 km in einem billig–schmutzigen Hotel in Smederevo. Der erste
Raddeckel wird geklaut, der erste Schlauch repariert.*

Ab Nisch kein Asphalt mehr, dafür wildromantische Gegend, in Staubwolken gehüllte Lastwagen, Schlaglöcher, klingende Ambosse in Dorfschmieden, Frauen mit Spinnrocken, Gänse, Störche und Schweinehirten. In Bulgarien viel Kopfsteinpflaster, freundliches Winken von Zivilisten und Militärs, Rosen und nochmals Rosen, *im Hotel gutes Essen, Bier sehr schlecht, schmeckt gleich wie der Tee in Jugoslawien.* Zweite Schlauchreparatur in volkseigener Werkstätte: zum Vulkanisieren wird ein Nescafedeckel mit einer brennenden Metatablette auf den Flicken gepresst, eine einfache, aber solide Methode. *Lange Kolonnen an Tankstellen. Als Ausländer und Devisenbringer werden wir sofort bedient.* Um unser schlechtes Gewissen zu entlasten, wollen wir an der türkischen Grenze unsere Waffe deklarieren. Der Zöllner interessiert sich aber überhaupt nicht für unser Gepäck, so dass wir einfach weiterfahren. Viel Militär ist auf den Strassen der europäischen Türkei unterwegs, was wir dem bürgerkriegsähnlichen Konflikt zwischen der griechischen und der türkischen Bevölkerung auf Zypern zuschreiben. Erst in der Nacht treffen wir in Istanbul ein und suchen ein billiges Hotel. Mit 22 Jahren aufnahmefähig wie neue Schwämme für die faszinierenden Zeugnisse der Geschichte, durchstreifen wir eine Woche lang unermüdlich die alte Hauptstadt des oströmischen und osmanischen Reiches. Vor der Haghia Sophia treffen wir auf eine Gruppe von Zürcher Studenten, die mit Professor Marcel Beck eine der legendären 'Orientfahrten' unternimmt. Der heutige aargauische Staatsarchivar Dr. Roman Brüschweiler ist unter ihnen. Aus dem Irak kommend, macht er uns netterweise darauf aufmerksam, dass die Istanbuler Hitze (es ist Mitte August) nichts sei im Vergleich zu den Temperaturen, die uns am Persischen Golf erwarteten.

Reparatur von Auspuff und Lichtmaschine, ausserdem Schmierservice. *Übliche orientalische Werkstatt–Hierarchie: der Chef, Mechaniker, Lehrbuben und kleine Knirpse, die stolz mithelfen dürfen, alles betasten und mit Kennermiene Putzfäden aus einem Sack ziehen, um irgendein Stück Metall zu reinigen.* Mein Bruder, dessen Mittelschulferien zu Ende sind, fliegt in die Schweiz zurück. Uns bringt die Fähre über den Bosporus nach Asien (damals gab es noch keine Brücke). In Ankara besorgen wir uns Visa für Jordanien und besuchen das Hethitermuseum (heute 'Museum der anatolischen Nationen') und den römischen Tempel mit dem berühmten 'Monumentum Ancyranum', einer griechisch–lateinischen Inschrift, welche die „Taten des göttlichen Augustus" festhält.

Nach zwei Tagen weiter nach dem Dorf Bogazkale (Bogazköy), in dessen Nähe die Ruinen der einstigen Hethiter–Hauptstadt Hattusa zu sehen sind. Nachts, im Mondschein, ein zweiter, grossartiger Besuch. Am Morgen früh wecken uns Dutzende von Ochsenkarren, deren massive Holzräder durchdringend quietschen: die Männer fahren auf die Felder, während die Frauen auf den Dreschschlitten ihre Kreise drehen oder am Fluss Kinder und Gänse hüten. Kayseri (aus Caesarea), die alte Hauptstadt von Kappadokien, sowie die Höhlenkirchen in der Mondlandschaft um Ürgüp sind unsere nächsten Ziele. Im Hof eines einfachen Landgasthofes erleben wir einen unvergesslichen Abend: auf Saiteninstrumenten wird Musik gemacht, dazu gesungen und getanzt (natürlich nur Männer!) und reichlich Wein getrunken. Die Übernachtung kostet umgerechnet einen Franken, das Nachtessen mit einem Liter Wein zwei Franken. Einsam und romantisch ist die Fahrt durch die Kilikische Pforte (damals noch ohne Autobahn und Lastwagenströme). Dann und wann begegnen wir Hirten mit ihren Herden.

Autounfall und Dichterphilosoph

Das Frühstück unterwegs besteht aus Brot und Melonen, die überall am Strassenrand verkauft werden. Die Grenzformalitäten am syrischen Grenzposten Bab el Hawa verlaufen zügig. Kurzer Photo–Halt bei einem sehr gut erhaltenen Stück Römerstrasse. Die sechs Meter breite Bahn besteht aus sauber behauenen Kalksteinblöcken. Einige Stunden hingegen nimmt der Besuch der Ruinen des Simeonsklosters in Anspruch.

Müde und hungrig fahren wir am Nachmittag gegen Aleppo. Ich sitze am Steuer. In einem der Dörfer stehen zwei etwa elfjährige Knaben am Strassenrand. Ich hupe. Der eine rennt über die Strasse, der zweite folgt ihm blindlings, läuft in unseren Wagen und wird mehrere Meter weit weggeschleudert. *Im Nu ist unser Auto von der Dorfbevölkerung umringt, die Türen werden aufgerissen, bedrohlich klingende Rufe sind zu hören.* Erinnerungen an Berichte über übel verlaufene Vorfälle ähnlicher Art tauchen in unseren Köpfen auf. So wird kolportiert, im Libanon sei kürzlich nach einem tödlichen Unfall ein Chauffeur „an die Kabine genagelt worden".

Einige alte Männer sprechen beruhigend auf die Menge ein. Wir wollen den verletzten Buben unverzüglich ins nächste Spital bringen. Das wird uns verwehrt: „Zuerst zur Polizei!" Dort werden wir eine Stunde lang verhört und müssen ein arabisch verfasstes Protokoll unterschreiben. Dem wimmernden und stark blutenden Knaben wird ein Stück Watte mit einigen Tropfen Äther gereicht. Anschliessend fahren wir in Begleitung von zwei Polizisten nach Aleppo. „Nie mehr ein Auto lenken!" sagt eine innere Stimme. Ich überwinde mich und setze mich ans Steuer, sonst würde ich womöglich Tage brauchen, um den Schock zu verarbeiten. Jedes Kind am Strassenrand löst in mir Alarm aus.

Die Verletzungen erweisen sich als weniger schwer als erwartet. Zentnersteine (das Wort ist angebracht) fallen mir vom Herzen. „Alhamdulillah — Lob sei Gott!" sage ich zum Vater des Knaben, der es mit ernster Miene wiederholt, ebenso die beiden Polizisten. „Alles kommt von Gott und ist geschrieben!" fügen sie hinzu. *Und wenn der Knabe wegen und während des Verhörs verblutet wäre?* Vater und Kind bleiben im Spital. Meine beiden Wächter scheinen den Ausflug in die Stadt zu geniessen und benützen die Gelegenheit, um im Basar Sandalen zu kaufen, bevor wir ins Dorf zurückkehren.

Als Unfallverursacher bleibe ich auf dem lokalen Polizeiposten in Haft bis zur gerichtlichen Erledigung des Falles. Wäre es nicht um einen verletzten Knaben gegangen, könnte man von einem romantischen Aufenthalt sprechen: ein rechteckiger, von einer hohen Mauer umgebener Hof, in einer Ecke das Büro für den Chef, daneben ein grosser Schlafraum mit Moskitonetzen, an der Wand Gebetsteppiche und Gewehrrechen, vom Stall her Pferdegeruch und das Poltern der Hufe. Abends wird auf einer riesigen Kupferplatte das Essen gebracht: Brot, Reis, Melonen, Feigen, Käse und Gemüse, dazu kühles Wasser aus Tonkrügen. Mit Heisshunger langen wir zu: seit unserem kargen Melonenfrühstück haben wir nichts mehr zu uns genommen.

Später besuchen wir gemeinsam das dörfliche Kaffeehaus, einen einfachen kubusförmigen Bau, unter dessen Tür man die Schuhe auszieht. Alle erheben sich bei unserem Eintritt. Stühle gibt es nur für uns 'Ehrengäste', die andern sitzen den Wänden entlang auf Teppichen am Boden. An der Decke hängt eine fauchende Benzinlampe, Wasserpfeifen werden mit glühenden Holzkohlen in Brand gesteckt und herumgereicht, Kaffee und Tee serviert. Der junge Dorflehrer macht den Dolmetscher. Wir auf den Stühlen — ausser uns beiden Schweizern der Leutnant, mit seinem Stöckchen spielend, ein Korporal und der Lehrer — unterhalten uns laut, die im Halbdunkel am Boden hockenden malerischen Gestalten sprechen nur im Flüsterton. Draussen heulen Hunde.

Anderntags vor fünf Tagwache. Das Gebäude wird auf Hochglanz gebracht, die Stiefel gewichst und die Pferde gestriegelt. Ein gestrenger junger Offizier aus Aleppo hat seine Inspektion angesagt. Er unterstreicht seinen Rang mit einer Riechpflanze, die er zwischen den Fragen an die in Achtungsstellung antwortenden Untergebenen wie eine feine Zigarre unter der Nase durchzieht. *Zu Fuss und zu Pferd wird exerziert. Ein dicker Polizist schwitzt literweise.* Nach der Inspektion machen wir uns für die Fahrt zum Gericht in Aleppo bereit. Der Dicke kramt einige Patronen aus der Schublade und lädt seinen Karabiner. „Jetzt wirst du erschossen!" bemerkt er gemütlich, bevor er sich auf den Beifahrersitz zwängt. Na ja, mit 22 Jahren hat man noch Sinn für 'fine plaisanterie'.

Im Gang des Gerichtsgebäudes warten mit Fussketten gefesselte Gefangene. Ich werde sogleich dem Richter vorgeführt, ein Stuhl und Kaffee wird gebracht. Nach einem lauten Disput mit den in einer Ecke am Boden kauernden Anklägern verurteilt mich der Richter zu einer, für Schweizer Verhältnisse bescheidenen, finanziellen Entschädigung von umgerechnet 130 Franken. Grosses innerliches Aufatmen! Dass wir künftig Dörfer mit äusserster Vorsicht und wesentlich langsamer als vor dem Unfall durchfahren, versteht sich.

In einer Armeniergarage ersetzen wir einen kaputten Stossdämpfer und lassen hinten dickere Federn (18 mm) einbauen. Weitere Armenier (es soll in Aleppo 60'000 geben) kommen auf einen Kaffeeschwatz vorbei und loben das Regime. Früher, unter Nasser, sei es schlimm gewesen. Ein unbedachtes Wort, und man sei verhaftet worden. Mit Nasser ist die Vereinigte Arabische Republik gemeint, in der von 1958 bis 1961 Ägypten und Syrien zusammengeschlossen waren.

Die Nacht verbringen wir in Ma`arrat an–Nu`man. Wir fragen einen Polizisten nach einer Unterkunft. Der windet sich, behauptet, sie sei für uns nicht geeignet, führt uns aber dann doch hin. Wir begreifen schnell: Syrien ist ein sauberes Land, doch hier treffen wir auf die Ausnahme, die die Regel bestätigt.

GARABED MGRDICHIAN

Workshop of Reparation
for Swings Steerings
and Chassis for Taxi

Suleymanieh,
Ibn-Khaldoon street N° 417

Phone: Shop 23564
Home 11631
ALEPPO-SYRIA

N° 000005

قره‌بيت مكردجيان

ورشة تصليح عموم السيارات الصغيرة
دوزان وديراكسيون وشاسي
السليمانية ـ شارع ابن خلدون ـ ٤١٧
هاتف المحل ٢٣٥٦٤
المنزل ١١٦٣١
حلب ـ سورية

Aleppo, 27 - 8 - 964   حلب في

Owes M. *Lorenz Stäger*   المطلوب من السيد

عدد / Num.	سعر / Price	نوع العمل / Kind of work	ق. ل. سورية / S. P.
		1 قطعة رلوصن	10000
		1 قطعة محسپسس‌ن	8400
		2 همن فسن-ذ‌ر-ف ئ فسجر	1200
		2 همن فسن-ذ‌ر-ف رلسن	1000
		رست‌ل ئسرجت	6500
		يسپسپپس‌ئ‌ر	400
			27800

Garage–Rechnung in armenischer Schrift

109

Katzen und Tauben und deren Spuren überall, auf schlafenden Gästen und Kästen und Stühlen, mit entsprechenden Wohlgerüchen. Der Polizist kommt später nochmals mit Brot und Melonen vorbei, erzählt von seiner Zeit in der britischen Palästina–Armee und vom 'grossen Philosophen' (im Arabischen als Lehnwort 'failasuf'), der hier gelebt hat. Er meint damit Abu'l–`Ala al–Ma`arri (973 – 1057), den „Philosophen der Dichter und Dichter der Philosophen". Der in seiner Kindheit erblindete Al–Ma`arri war der letzte bedeutende Vertreter der Blütezeit der arabischen Poesie und hat mit seinem Prosawerk 'Sendschreiben über die Vergebung' möglicherweise Dantes (1265 – 1321) Divina Commedia massgeblich beeinflusst. Mein *Kollege Ruedi Fischer erinnert an den römischen Dichter Vergil, der ebenfalls auf Dante nachgewirkt hat.* So diskutieren wir dank dem syrischen Polizisten in einer sehr, sehr einfachen Umgebung, umflutet von irdischen Düften, bei Melonenschnitten und Fladenbrot, über ein gewichtiges Stück menschlicher Kultur. Der asketische Philosophendichter Ma`arri hätte sich bestimmt darüber gefreut.

LIBANESISCHES ZWISCHENSPIEL

Von Ma'arra fahren wir südwärts nach Hama am Fluss Orontes, der seit Jahrhunderten mitten in der Stadt die riesigen ächzenden Wasserschöpfräder treibt. Knaben lassen sich von den Schaufeln emporheben und springen aus etwa acht Metern Höhe ins Wasser. Das nächste Ziel ist die Wüstenstadt Palmyra, wo wir im Hotel Zenobia logieren. *Hotel gefüllt mit Touristen, schrecklich, erinnert mich an Luxor. Auch viele Fliegen, aber die kann man verjagen. Zum Glück fliegen sie noch gleichentags weg (die Touristen). Abends ist das Hotel fast leer. Starker Wind rauscht und pfeift durch Gänge und Fenster. Ein französisches Ehepaar ist mit dem Auto aus Persien gekommen. Dort sei es unerträglich heiss, die Strasse über Täbris furchtbar, besser jene durch den südlichen Iraq. Da wir auch nach Persien wollen, sind wir dankbar für Informationen aus erster Hand.*

Rückkehr nach Homs, wo wir den beim Unfall beschädigten rechten Scheinwerfer reparieren lassen. Nach dem Besuch des Krak des Chevaliers überqueren wir die nahe Grenze zum Libanon. *Am Zoll will man uns zum x. Mal den Mercedes abkaufen.* Wir übernachten in Djebail (Byblos) in einer Familienpension, wo Grossmutter und Grossvater mit den wenigen Gästen im levantinischen Sonnenschein ihre alten Jahre geniessen. *Im Badezimmer neben Dusche und WC je ein Käfig mit Kanarienvögeln.*

Die Stadt Byblos (Touristenprospekte nennen sie die älteste der Welt) hiess ursprünglich Gebal. Schon im 3. Jahrtausend v. Chr. stand sie in Handelsbeziehung mit Ägypten. Sie exportierte Libanonzedern, und vor allem wurde sie zu einem Umschlagplatz für ägyptischen Papyrus, der auf griechisch byblos heisst. Dieser zu Schreibmaterial verarbeitete Pflanze verdankt die Stadt den neuen Namen (auch das Wort Bibel ist davon abgeleitet — über 'biblion' = Buch).

In der Johannes dem Täufer geweihten, 1115 erbauten Kathedrale erleben wir einen eindrücklichen, in altsyrischer Sprache gehaltenen maronitischen Gottesdienst. Die Maroniten sind seit 1181 mit Rom uniert. „In einem Vertrag mit dem osmanischen Sultan dehnte König Franz I. von Frankreich im 16. Jahrhundert den Schutz, den er über die europäischen Katholiken im türkisch–osmanischen Reich ausübte, auf die Maroniten aus. Französische Ordensbrüder gründeten französische Schulen. Bereitwillig setzten sich die Maroniten dem französischen Einfluss aus. Der Ideenwelt Frankreichs gegenüber zeigen sich die Maroniten bis heute aufgeschlossen" (zitiert aus dem vom Reisegefährten Rudolf Fischer 1988 herausgegebenen Büchlein 'Religiöse Vielfalt im Vorderen Orient').

Grossartig wird die Fahrt vom Meeresstrand hinauf auf das Libanon–Gebirge, dessen Gipfel 3088 m ü. M. erreicht! Der Sonntagsverkehr ist dicht, die enge und schmale Strasse führt, ohne Geländer, an Abgründen vorbei zum 2650 m ü. M. gelegenen Col des Cèdres.

PENSION GEAGEA

BAR RESTAURANT
TÉL. 57 LE CEDRES
BECHARRÉ

N⁰   0840

Veuillez Payer au garçon

La somme de......   R. L. 10

Unterwegs saubere Dörfer, Kirchen und Bildstöckchen, umgeben von Fruchtbäumen jeglicher Art: Pfirsiche, Äpfel, Feigen, Zitrusfrüchte, Bananen, Trauben. Von den berühmten Libanonzedern steht nur noch ein streng geschütztes Wäldchen, ein vielbesuchtes Ausflugsziel mit Hotels, Restaurants und Skiliften. Der oberste Teil der Passstrasse ist nicht asphaltiert, die Aussicht in die zwischen Libanon und Antilibanon liegende Bekaa–Hochebene dafür überwältigend.

Libanongebirge: auf dem Col des Cèdres, Blick auf die Bekaa–Ebene

Wir bleiben einige Tage in Baalbeck, da mein Kollege erkrankt ist. In den gewaltigen Tempelanlagen des alten Heliopolis findet alljährlich das Baalbeck International Festival statt, an dem Orchester und Künstler aus der ganzen Welt teilnehmen. In diesem Jahr stehen u. a. das Royal Ballet, die Comédie Française und die 'Festival Strings de Lucerne' (Leitung Rudolf Baumgartner, Solist Pierre Fournier) auf dem Programm.

Nach dem Besuch von weiteren libanesischen Städten und Fundorten (z. B. von Beirut mit seinem bedeutenden National–Museum oder dem Engpass am Flüsschen Nahr el–Kelb, wo sich von Ramses II. bis zu den Engländern alle durchziehenden Eroberer auf Gedenktafeln verewigt haben) fahren wir über den Antilibanon nach Damaskus.

Anmerkung: Jeder, der das Land vor dem schrecklichen, von 1975 – 1990 dauernden Bürgerkrieg besucht hat, denkt mit Wehmut an die damals wirtschaftlich blühende 'Schweiz des Nahen Ostens' zurück. Die Zeit und die Vitalität der Libanesen werden zwar viele Wunden heilen, aber was an geschichtlicher Information aufgrund des archäologischen Schatzgräber– und Räubertums in dieser 'geistigen Wiege der Menschheit' unwiderruflich verloren gegangen ist, lässt sich noch kaum ermessen.

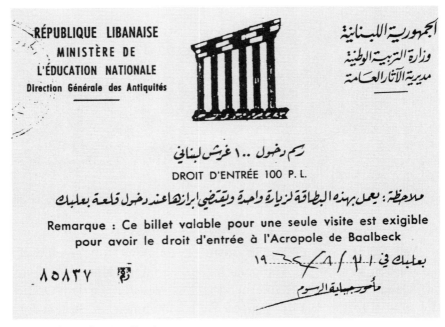

Eintrittskarte für Baalbeck

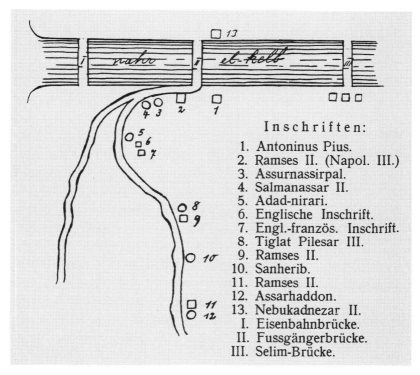

Inschriften:

1. Antoninus Pius.
2. Ramses II. (Napol. III.)
3. Assurnassirpal.
4. Salmanassar II.
5. Adad-nirari.
6. Englische Inschrift.
7. Engl.-französ. Inschrift.
8. Tiglat Pilesar III.
9. Ramses II.
10. Sanherib.
11. Ramses II.
12. Assarhaddon.
13. Nebukadnezar II.
I. Eisenbahnbrücke.
II. Fussgängerbrücke.
III. Selim-Brücke.

Die Inschriften am Nahr el Kelb (aus: Leo Haefeli, Syrien und sien Libanon, Luzern und Leipzig 1926)

VON JERUSALEM ZUM ROTEN MEER

Von der jordanischen Hauptstadt aus fahren wir hinunter zum Jordan, den wir auf der King Hussein–Brücke überqueren. Früher hiess sie Allenby–Brücke, zu Ehren des britischen Feldmarschalls, der im Ersten Weltkrieg den Türken die nahöstlichen Länder entriss. Nach einem Bad im Toten Meer suchen wir über eine holperige Strasse Qumran auf, wo 1947 ein Hirt zufälligerweise in einer Höhle inzwischen weltberühmt gewordene Handschriften fand. Bei Jericho (*uns fällt die Sauberkeit der Flüchtlingslager auf*) besichtigen wir die Ausgrabungen von Tell es Sultan. Vermutlich war der Ort schon vor 7'000 Jahren bewohnt gewesen. Ein Abstecher nach Norden führt uns zur Stelle, wo nach frommer Überlieferung Johannes Jesus taufte.

Die Sonne ist am Untergehen, als wir von Jericho nach Jerusalem hinauffahren. *Die Stadt hebt sich am Horizont gegen den roten Himmel ab ... Welch ein Glück, dass man solche Augenblicke allein und im Privatwagen erleben darf, und nicht dreissig Menschen lachen und über Durchfall reden.* Wir finden für die nächsten Tage Unterkunft in einem einfachen Hospiz in Bethanien. Zwei Dollar (damaliger Kurs Fr. 4.29) verlangt der italienische Klosterbruder für Nachtessen, Zimmer und Frühstück. Abends geht der Blick hinüber auf die Rückseite des Ölberges und die Lichter der jordanischen Neustadt. Im Garten rauschen die Zypressen.

Taufstelle Jesu am Jordan

Jerusalem mit dem Felsendom

César E. Dubler, mein Arabisch–Professor an der Universität Zürich, hatte mich besonders auf die (bis 1967 noch jordanische) Altstadt von Jerusalem hingewiesen, die er für die schönste auf der ganzen Welt hielt. Wir müssen ihm recht geben. Ein Spaziergang durch die verwirrenden engen Gässchen mit den Handwerkerbuden und überwölbten Kaufläden ist ein gewaltiges Erlebnis für Augen, Ohr und Nase. *Wir verlieren uns in dem labyrinthartigen gedeckten Basar und kommen zu sämtlichen Sehenswürdigkeiten, nur nicht zur gesuchten Grabeskirche.* Zu einem weiteren Erlebnis wird der ungefähr im Jahre 700 v. Chr. erbaute Siloah–Kanal. Er ist über 500 m lang, zwischen 55 und 65 cm schmal und 1,45 bis 5,08 m hoch. 1880 wurde im Kanal eine sechszeilige hebräische Bauinschrift entdeckt, die herausgehauen und nach Istanbul gebracht wurde. (Wir haben sie dort vor drei Wochen nachentziffert.) *In Badehosen und barfuss, eine flackernde kleine Kerze in der Hand, wate ich hinter dem Führer durch das mehr als knietiefe Wasser. Bevor wir beim Siloah–Teich den dunklen Kanal verlassen, befiehlt er mir zu warten. Er will sich zuerst vergewissern, dass keine Frauen am Teich*

118

waschen. Von Jerusalem kehren wir nach Amman zurück, da Ruedi im Hotel seinen Pass vergessen hat. Über Madaba und Ma`an fahren wir nach Petra. Die berittene Polizei gestattet uns, in einem der beiden Wachttürme zu übernachten. Abends sind wegen einer Hochzeitsfeier stundenlang Schiesslärm, Trommeln und Singen zu hören. Wir sitzen im Hof der Polizeistation um eine Benzinlampe. *Mr. Lindsay, ein Ire, ist eingetroffen. Er reist mit einer Gruppe unter der Leitung des protestantischen Erzbischofes von Dublin. Die Gruppenreiserei ist ihm verleidet, weshalb er abgehauen und allein in einem Taxi von Jerusalem hierher gekommen ist. Er kennt einen Freund von Lawrence of Arabia und erzählt von ihm. Er fragt uns, ob er mit uns zusammen Petra ansehen dürfe. Wir sind einverstanden, nicht aber sein jordanischer Chauffeur, der für sein Geschäft fürchtet und wütend wird.*

119

Wenig Verkehr herrscht auf der prächtig angelegten Wüstenstrasse nach Aqaba am Roten Meer. Der Hafen soll aber weiter ausgebaut werden und an Bedeutung zunehmen. *Der Besitzer des Aqaba Bay Hotels ist ein Freund des Königs. Abends stösst der Hafenkapitän zu uns, auch er 'a friend of Hussein'. Bis drei Uhr früh wird gezecht und über die Zukunft Aqabas diskutiert.*

KOSTENLOSE BLINDDARMOPERATION AM PERSISCHEN GOLF

Wir fahren zurück nach Amman. Abends — es ist empfindlich kühl — sitzen wir auf der Terrasse des Cliff–Hotels und hören einem Armeespiel zu, das sich vis–à–vis aufgestellt hat. Die Musiker tragen die pittoreske Uniform der Arabischen Legion und spielen zu Ehren von König Hussein, dessen Rückkehr aus Alexandrien erwartet wird. *Viel Polizei und Militär, Festbeleuchtung, Hussein kommt aber nicht. Dafür werden wir von drei jungen Dozenten der Ingenieurschule zum Essen eingeladen.*

Die Strasse nach Bagdad, mit vielen militärischen Kontrollposten, führt der Pipeline entlang, die einst in Haifa endete. Der jordanische Zoll befindet sich bei der Pumpstation H 4, etwa 100 km vor der eigentlichen Grenze. Eine irakische Flagge auf einem unscheinbaren Häuschen in der unendlichen Wüste zeigt das neue Land an. Die Autonummer wird auf einen Zettel notiert, die eigentlichen Formalitäten aber erst in Rutbah erledigt. Der Ort besteht fast nur aus Kaffeehäusern und Läden, umgeben von zahlreichen Zelten. Nachts halb zehn Uhr erreichen wir nach einer 800 km langen Fahrt Ar–Ramadi am Euphrat. *Ich fühle mich unwohl und habe hohes Fieber, das ich mit Tabletten bekämpfe.*

Nächstes Ziel ist Bagdad. Die zermürbende Hitze in der irakischen Hauptstadt lässt mich an die Geschichte vom musikalischen Konsul Richarz mit dem Konzertflügel denken: „Regelmässig Ende Mai, bei Beginn der grossen Hitze, pflegte Richarz seine Winterwohnung zu verlassen und auf „Sommerfrische" zu ziehen. Der Umzug war nicht weit, bedeutete aber doch in seinem Leben einen

Auf der Wüstenstrasse von Jordanien nach dem Irak

jährlich wiederkehrenden wichtigen Abschnitt: Er begab sich einfach zwei Treppen tiefer in sein „Serdäb", einen Kühlraum, in den kein Sonnenstrahl drang. Hier unter der Erde verbrachte er den ganzen Sommer, und wer an den kleinen Luken des Serdäb vorüber kam, konnte am hellichten Tage die himmlischen Akkorde von Beethovens Mondscheinsonate aus der Kellertiefe herauftönen hören" (Sven Hedin, Bagdad, Babylon, Ninive, Leipzig 1918).

600 Kilometer sind es dem Tigris entlang über Al–Amara nach Basra, zwischen denen sich die riesigen Sumpfgebiete mit den Binsenhüttendörfern der schiitischen Sumpfaraber erstrecken. *Ständig Kontrollposten, es wird notiert und gestempelt.* In der abendlichen Dunkelheit verirren wir uns und erwischen die Strasse nach Kuweit. Ringsum flackern Gasflammen über den Ölfeldern. Wir wenden und finden endlich gegen zehn Uhr in Basra todmüde ein Hotel. Im Garten und auf dem Dach stehen zu Dutzenden Betten von Gästen, die Kühlung suchen. Unser Schroeder–Reiseführer 'Iran' hat recht: „Die Golfküste zu besuchen, ist nur in den Wintermonaten ratsam, etwa ab November, da im übrigen Jahr die Hitze für Europäer unerträglich ist." Wegen meines Fiebers leisten wir uns den Luxus eines klimatisierten Zimmers.

(Ein Blick in alte Flugpläne zeigt, welch bedeutender Etappenort Basra einst für die Flüge nach Indien und dem Fernen Osten war. Ein Name wie 'Imperial Airways' hatte für mich einen magischen Klang, und ich bewunderte, ja beneidete beinahe Charles Schärer, aus Wohlen–Anglikon stammend und entfernt verwandt, der in den Vierzigerjahren als Direktor das Flughafenhotel 'Shatt el Arab' leitete.)

Frühmorgens fahren wir weg und fragen uns zum Schatt el–Arab durch, dem gemeinsamen Unterlauf von Euphrat und Tigris. Ausgedehnte Dattelpalmwälder säumen die Ufer. Eine Fähre bringt uns über den Strom. Jenseits gibt es keine Strasse mehr. Auf den 50 Kilometern bis zur Stadt Khorramshahr darf man sich den Weg durch die grau–braune Wüstenebene selbst suchen. Das persische Zollgebäude liegt am Karunfluss. *Ventilatoren, Eiswasserbehälter, freund-*

licher Beamter, aber langwierige Prozedur. Ein Soldat begleitet uns in die Stadt, wo bei Kaffee und Zigaretten weitere Formulare ausgefüllt werden ... Wir können höchstens mit 95 km/h fahren, da sich sonst der Motor überhitzt. Ich habe heftige Bauchschmerzen und Fieber. Das Messen bei 45 Schattengraden ist allerdings kompliziert, da die Quecksilbersäule des Thermometers ständig am oberen Ende steht ... Bei einem Teehaus halten wir und trinken literweise Wasser.

Am Schatt el–Arab, dem gemeinsamen Unterlauf von Euphrat und Tigris

Die Sonne ist wegen Staubstürmen kaum mehr zu sehen. Wir verfahren uns, stossen dann aber Gott sei Dank auf einen Wegweiser nach Agha Jari. In der Nähe eines Ölfeldes der NIOC (National Iranian Oil Company) ist mein Zustand derart, dass ich nicht mehr weiter kann. Wir halten vor dem Tor, wo ich kühn nach einem Bett frage. Das sei nicht möglich, wird mir beschieden. Mein elendes Aussehen scheint aber doch zu beeindrucken. Eine lange Viertelstunde wird herumtelefoniert, schliesslich erhalten wir ein klimatisiertes Zimmer in einem Bungalow, und ein Arzt wird geholt. *Ich habe 39,3 Fieber. Wir fahren ins kleine Spital, wo ich untersucht*

*werde. Vermutlich Blinddarm. Ich erhalte Tabletten und Sirup. Wenn
der Schmerz nicht nachlässt, soll ich mich morgen früh melden. Wir
kehren in den Bungalow zurück, mein Fieber ist wie durch ein Wun-
der verschwunden. Wir bekommen aus der Campküche eine herrli-
che Suppe, die ich mit bestem Appetit esse.*

Anderntags erneuter Untersuch, der mit der Frage beginnt, wer
von uns beiden der Patient sei, und mit der Bemerkung endet: „I'm
sorry, you must interrupt your journey. It's an acute appendicitis!"
*Ich nehme den Geschichtsatlas und das Neue Testament mit, man
weiss ja nie. Familiäres kleines Spital mit 14 Betten ... Als ich aus
der Narkose erwache, beugen sich zwei nette Schwestern über mich,
vor allem eine hat faszinierende, grosse dunkle Augen. Wenn man
jeden Morgen so erwachen könnte! ... Ich frage, wann wir weiter-
reisen dürfen. Der persische Arzt behauptet schmunzelnd, in einer
Woche könne ich wieder boxen ... Ich erhalte die NIOC–Firmen-
zeitung. Die Messstation des Flughafens meldet 47 Grad (vor einer
Woche seien es 52 gewesen). Im gekühlten Spital sind es bloss 19
Grad. Ich kriege den Schnupfen und verlange ein zweite Decke ...
Um Mitternacht kleine Spaziergänge der gehfähigen Patienten im
Freien, in Spitalhemden, immer wieder wird Gott gelobt und für die
Genesung gedankt, ringsum Erdgasfackeln, Mondlicht, weiche Kon-
turen der Berge ... Gute Küche. Ich rühme die Poulets, worauf mir
der Koch täglich mindestens eines bringt.*

Genau am achten Tag nach der Operation steht morgens um fünf
Ruedi im Zimmer, um mich abzuholen. Er kommt von der
Helikopterstation, wo er Quartier erhalten hatte. Der ganze Aufenthalt, inklusive medizinische Behandlung, ist gratis. „Sorry, wir haben keine Rechnungsformulare!" Nach herzlicher Verabschiedung
beginnen wir die 450 km–Fahrt nach Shiraz, die 13 Stunden dauern
wird. Nach etwa 150 Kilometern hört der Asphalt auf. In zahllosen
Kurven windet sich die Schotterstrasse durch und über die Berge
bis auf über 2'000 m hinauf. Staub und Hitze machen uns zu schaf-
fen. Unserem Guide Bleu entnehmen wir, das es sich um eine „route
de montagne difficile et parfois dangereuse ... très peu fréquentée

dans une région totalement dépourvue de ressources hôtelières" handle. Zu allem Überfluss haben uns holländische Ölleute vor Überfällen in dieser Gegend gewarnt und gleich auch ein paar eindrückliche Müsterchen zum besten gegeben. So suchen wir denn zum ersten Mal unseren Browning hervor und legen ihn geladen zwischen die Sitze. Er nimmt uns ein bisschen das Gefühl der Wehrlosigkeit (und hätte uns im Ernstfall vermutlich mehr geschadet als genützt!). Da ich Fahrverbot habe, kann ich meinen bedauernswerten Kollegen am Steuer nicht ablösen. Krampfhaft klammere ich mich am Sicherheitsgurt fest, um den operierten Bauch einigermassen vor den dauernden Schlägen und Stössen zu schützen, die mehrmals den Schalthebel in die Nullstellung springen lassen.

Wir erreichen Shiraz in der Dunkelheit. *Ruedi ist total kaputt. Hinkend gehe ich auf die Suche nach einer Unterkunft und finde ein billiges Hotel, wo uns ein junger Perser auf deutsch anspricht. Er ist Grossgrundbesitzer, hat in der Schweiz und in Deutschland studiert, schimpft über den Schah, weil ihn dessen Landreform acht Dörfer gekostet habe, und lädt uns zu einem Apéro mit Bier und rohen Zwiebel ein.* (Rückblickend scheint mir das nicht eben die geeignete Diät für einen Rekonvaleszenten zu sein.)

Persepolis: Reste der gewaltigen Eingangshalle

Isfahan: im Hof der Chahar Bagh Medresse (Ende 17. Jh.)

HEIMFAHRT ÜBER TEHERAN, DAS KASPISCHE MEER UND DIE TÜRKEI

In mehreren Etappen durchqueren wir von Süden nach Norden Persien, das dreimal so gross wie Frankreich ist. Zwei der von uns besuchten Orte seien erwähnt. Erstens das 80 km nordöstlich von Shiraz gelegene Persepolis:

die ausgedehnte achämenidische Palastanlage wurde im Jahre 330 v. Chr. von Alexander dem Grossen in Brand gesteckt. Paradoxerweise sind uns durch die Zerstörung bedeutende Teile, unter dem Schutt konserviert, erhalten geblieben. Der zweite Ort ist die einstige persische Hauptstadt Isfahan mit ihren prächtigen Bauten aus der Epoche der Safaviden (1506 – 1722). *Zwischen Shiraz und Abadeh etwa alle 20 km Wehrtürme mit einziehbaren Leitern und gepanzerten Geländewagen zum Schutze gegen räuberische Nomaden. Sie erinnern uns an mittelalterliche Strassensicherungen.*

Persien ist ein abflussloses Hochland mit hohen Randgebirgen, die das Steppenklima bewirken. Von Teheran aus überqueren wir die nördliche dieser 'Barrieren', das Elbursgebirge, dessen höchster Punkt der 5670 m hohe Demavend bildet. (Walter Mittelholzer hat ihn 1926 als erster überflogen und das Ereignis in seinem Buch 'Persienflug' beschrieben.) Wir wählen den Chalus–Pass mit dem auf 2'800 m Höhe gelegenen Scheiteltunnel. Den Versuch, diesen auszulassen und die alte Naturstrasse über die Passhöhe zu benützen, erweist sich als zu gefährlich und muss abgebrochen werden. Fast dreitausend Meter windet sich die Strasse auf der nördlichen Seite des Gebirges zum 26 m unter dem Meersspiegel liegenden Kaspischen Meer hinunter. Der Gegensatz zum trockenen Hochland ist frappant: Wolken, Reisfelder, Baumwolle, Wälder, strohgedeckte Lehmhäuser, weidende Kühe auf grünen Wiesen.

Bei Astara verlassen wir das Kaspische Meer und steigen auf der Schotterstrasse wieder auf das Hochland hinauf, entlang der mit Wachttürmen und Kahlstreifen gesicherten russischen Grenze. Natürlich ist das Photographieren der Grenzsicherungen strengstens verboten, und natürlich machen wir mit 'versteckter Kamera' einige gute Aufnahmen von den grüngestrichenen Wachttürmen (ein Bekannter von uns versuchte dasselbe ein Jahr später, wurde ertappt und verbrachte einige Zeit im Gefängnis). *Auf der kaspischen Seite in der Höhe Nebel. Man kommt sich vor wie in der Schweiz. Ringsum grüne Alpweiden, die Strasse gleicht einem Waldweg, gelegentlich durch Bachbetten.* Nach der Überquerung von zwei Pässen und einem Radwechsel (ein persischer Lastwagenchauffeur ist uns spontan behilflich) erreichen wir abends acht Uhr Täbriz, die zweitgrösste Stadt Persiens.

Die nächsten 330 km Strasse bis zur türkischen Grenze sind 'under construction': asphaltierte Abschnitte wechseln ab mit zermürbendem 'Wellblech'. Von weitem ist der gewaltige schneebedeckte Ararat zu sehen, ein Fünftausender, auf dem immer wieder nach den Resten der Arche Noah gesucht wird. *Am Grenzübergang wartende Dutzende von Lastern auf die Abfertigung. Ihre Motoren laufen Tag und Nacht. Im nicht allzu sauberen Hotel von Dogubayazit recht wilde Gestalten, die den Ruf als Schmugglernest zu bestätigen scheinen.* In Höhen um 2'000 m führt die Strasse nach Westen über Erzurum (einmal mehr muss ein Schlauch samt Pneu ersetzt werden) bis ins Quellgebiet des Euphrat, den die Schotterstrasse mehrmals kreuzt. Wir biegen nach Süden, finden die beiden Hotels in Tunceli besetzt und erreichen gegen Mitternacht, nach einer Tagesetappe von über 700 km auf schwierigen Strassen, Elazig. Mittlerweile haben wir den ersten Oktober, und es ist kühl bis kalt geworden. Die Schafhirten tragen dicke, weisse Filzmäntel mit hübschen Verzierungen. In Kayseri besuchen wir Teppichknüpferinnen und machen, wie wir glauben, einen guten Kauf. Der 3'916 m hohe Erciyas Dagi trägt

Die Chalus–Strasse über das Elbusgebirge (Nordseite)

eine frische weisse Kappe. Von Ankara fahren wir in einem Tag die gut 800 km nach dem bulgarischen Haskovo, inklusiv Bosporus–Fähre und Grenzübergang. Über Sofia, Belgrad, Zagreb, Venedig und Mailand erreichen wir die Schweiz, *wo man erstaunt ist, dass wir schon daheim sind, da unsere Karten aus dem persischen Täbriz erst heute morgen angekommen sind ... Wir haben total 16'322 km zurückgelegt und zusammen zehn Kilo abgenommen.*

Der Ararat von der persischen Seite aus

REISEROUTE 1964

Reiseroute 1988

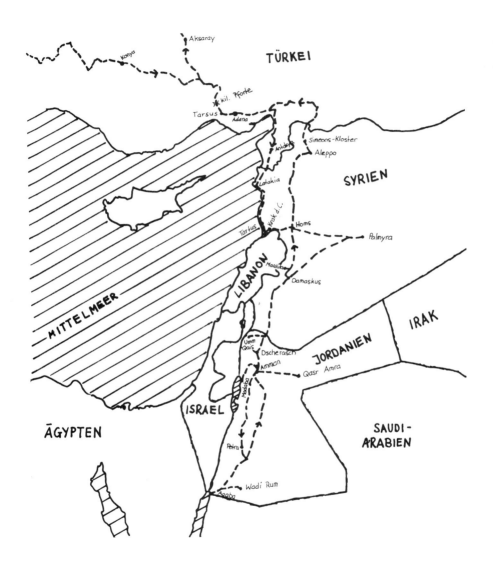

INDEX

Col des Cèdres 112

D

Damaskus
   46, 47, 48, 49, 50, 52, 75, 83, 85
Dante 110
Darius III. 23
David 49
Dekapolis 55, 83
Demavend 129
Derwisch-Orden 21
Desert Police 72
Dibbin-Nationalpark 56
Djebail (Byblos) 111
Dogubayazit 130
Doura Europos 50
Dschebel al-Aqra 29
Dschelal ed-Din Rumi 21
Dscherasch 52
Dubler, César E. 118

E

Ed Deir 69
Eilat 70
Elazig 130
Elbursgebirge 129
Emesa (Homs) 38
Erzurum 130
Esjon-Geber 70
Euphrat 50, 121, 123, 130

F

Fischsauce 64
Franz I. von Frankreich 112

G

Gadara 80, 83
garum 64
Gaza 64, 67
Gerade Strasse 49

German Protestant Institute for
   Archeology 83
Glubb Pascha 72
Golanhöhen 47, 83
Gotik 35

H

Hadrian 55
Haifa 81, 121
Hama 87, 111
Hatay 23
Hattin 42
Hattusa 105
Hedschas-Bahnhof 50
Hedschasbahn 72
Helvetier 64
Hermon 47, 52
Herzog, Kurt, Balair-Direktor 78
Hethiter 105
Hierapolis 19
Hieroglyphen 32
Homs 43, 111
Hospitaliter 39
Hussein, König 120, 121

I

Iconium 21
IKRK 78
Imperial Airways 123
Indien 30, 45
Isfahan 129
Iskenderun 23
Isparta 20
Istanbul 99, 103, 104, 118

J

Jakut 55
Jericho 116
Jerusalem 41, 58, 67, 75, 116
Johanniter 39

VW-Camper. Auf der ganzen Welt zuhause.

Vom ansteckenden Reisefieber befallen? Dagegen hilft nur ein Rezept: ein VW-Camper für Fernweh-Geplagte. Egal, ob Sie sich für einen 4- oder 5-Zylinder-Motor mit Diesel- oder Benzinantrieb entscheiden, ob Sie die Vorteile eines 4x4 syncro Antriebs nutzen möchten, ob Sie einen kurzen oder langen Radstand wünschen, ob Sie ein stabiles Hoch- oder flexibles Aufstelldach wählen, die grundsoliden Globetrotter ebnen Ihnen auf allen Kontinenten den Weg. Mit typischer VW-Zuverlässigkeit und universaler Sicherheit. Und mit allem Drum und Dran, damit Sie auch abseits der Touristenpfade ein zivilisiertes Zuhause finden.

 AMAG, Importeur von VW -Camper und die autorisierten VW-Camper-Vertreter wünschen Ihnen schon jetzt viel Spass bei Ihrer friedlichen Welteroberung.

Bisher erschienene heitere Romane von

LORENZ STÄGER

ABER, ABER, FRAU POTIPHAR! (1978)

Ein Student führt eine Reisegruppe durch Ägypten, was einige Komplikationen mit sich bringt. „Nach einem erfüllten Leben zog ich mich im Alter von 32 Jahren aus der Hektik der Diplomatenwelt aufs Land zurück, um ein altes Haus umzubauen, das vorliegende Buch zu schreiben und Vater zu werden — letzteres fiel mir am leichtesten.“

SOTTO I CIELI DI CLEOPATRA (1980)

Italienische Ausgabe von ABER, ABER, FRAU POTIPHAR!

LIEBT IHR BRUDER FISCH, MADAME? (1980)

Ein junger Schweizer Diplomat erlebt in Südostasien seinen ersten, oft turbulenten Einsatz.

ALEXANDER DER KLEINE (1984)

Drei 70jährige Herren wollen nochmals kräftig auf die Pauke hauen, um in der Welt für Aufsehen zu sorgen und eine verrückte Wette zu gewinnen.

NUR WENN DIE LÖWEN NICHT BEISSEN (1989)

Im Wohnmobil macht sich eine Familie mit vier Kindern im südafrikanischen Namibia auf die Suche nach dem Grab eines Vorfahren, den die Löwen gefressen haben.

IN IHRER BUCHHANDLUNG

PRESSESTIMMEN

BASLER ZEITUNG: „... weckt berechtigte Hoffnung auf ein Glanzexemplar jener Spezies, die in der Schweiz so selten ist, dass man gar nicht mehr weiss, dass es sie gibt: derjenigen des Unterhaltungsschriftstellers von Niveau."

NEUE ZÜRCHER ZEITUNG: „Er beherrscht auf Anhieb die Register des Metiers vom Sprachwitz bis zur Situationskomik, darüber hinaus und vor allem aber die innere Stellungnahme zum Dargestellten."

SONNTAGSBLICK: „Mit seinem dritten Roman etabliert sich Lorenz Stäger endgültig als eine Art schweizerischer Heinrich Spoerl."

AARGAUER TAGBLATT: „Die Löwen haben nicht gebissen, aber der Text, der mal ernst, mal heiter daherkommt, kann ganz gehörig zupacken und uns aufrütteln."

BEOBACHTER: „Warum gibt's eigentlich in der Schweiz so selten einen Schriftsteller, der in den Obertönen heiter daherkommt und es dabei erst noch versteht, das Fragwürdige in den Untertönen nicht zu verschweigen?"

Dabeisein, wo man sich vergnügt.

Wir machen mit.

Schweizerische Bankgesellschaft

5610 Wohlen
5620 Bremgarten

Bücher von

Rudolf Fischer

RELIGIÖSE VIELFALT IM VORDEREN ORIENT

Eine Übersicht über die Religionsgemeinschaften des Nahen Ostens

112 Seiten, 42 Abbildungen, 2 Tabellen; Fr. 19.–

Um die verschieden grossen und politisch unterschiedlich bedeutsamen Religionsgemeinschaften des Vorderen Orients in ihrer Eigenart und von der Entwicklung her erkennen und auseinanderhalten zu können, sind sie in diesem Werk systematisch und einzeln vorgestellt:

Die Sunniten und ihre vier Rechtsschulen, die Charidschiten, die Schiiten und ihre Abspaltungen; die Nestorianer, die Kopten, die äthiopische Kirche, die Jakobiten, die Maroniten, die Armenier und weitere christliche Gemeinschaften; die Juden, die Parsen, die Mandäer und die Jeziden.

IRAN

Geschichte und Kulturdenkmäler

Ein Führer

126 Seiten, 11 Abbildungen, 8 Karten, Tabellen; Fr. 22.–

Der Band geht den einzelnen Stationen der persischen Geschichte nach, deckt Zusammenhänge und bedeutende Fernwirkungen bis hin nach Europa auf. Wichtige Themen sind eingehender behandelt, etwa die Religion Zarathustras, der Islam und die den Staat Iran heute bestimmende Schia.

Im Kulturführer, dem zweiten Hauptteil, werden alle bedeutenderen Kulturdenkmäler angeführt.

DER ISLAM

Glaube und Gesellschaftssystem im Wandel der Zeiten

Eine Einführung

135 Seiten, Tabellen; Fr. 22.–

Dieses Werk enthält eine Einführung in das Wesen und die Geschichte des Islam, in das uns besonders seit der Aufklärung fremd gewordene Denken und Handeln der Muslime. Einige der Themen: Leben und Wirken des Propheten Mohammed, Koran, Hadith, Sunna und Scharia, die verschiedenen Richtungen des Islam, die Formen des Zusammenlebens von Muslimen, Juden und Christen, neuere Entwicklungen im Islam und die Auseinandersetzung der Muslime mit dem abendländischen Denken seit dem 18. Jahrhundert.

DER ALTE ORIENT

Grundzüge, Entwicklungen und

Hinweise auf die Nachwirkungen

der altmesopotamischen und syrischen Kulturen

104 Seiten, 31 Abbildungen, 1 Karte; Fr. 19.–

Den selbstverständlichen Gebrauch eines einfachen Alphabetes, die Einteilung der Stunde in 60 Minuten und des Kreises in 360 Grad, die Bezeichnung verschiedener Sternbilder und vieles mehr verdanken wir dem Alten Orient. In dieser Publikation werden die Grundzüge jener Hochkultur dargestellt, die sich in Mesopotamien entfaltet, die benachbarten Räume nachhaltig beeinflusst hat und neben der ägyptischen als die älteste gilt

Die Bücher von Rudolf Fischer können direkt beim Verlag bestellt werden: Edition Piscator, Reckholderweg 16, CH–4515 Oberdorf / Schweiz